JN025765

専門職教育質保証シリーズ

高等教育に求められる
マネジメント・
ディベロップメント

一般社団法人 専門職高等教育質保証機構／編

一般社団法人 専門職高等教育質保証機構代表理事 川口昭彦／著
独立行政法人 大学改革支援・学位授与機構特任教授 竹中　亨／著

ぎょうせい

まえがき

　デジタル革命（第四次産業革命）とともに科学技術は日進月歩の進化を続け、産業の高度化が進み、人に求められる能力が二十世紀とは大きく変化しています。このような科学技術の進歩に加えて、人生100年時代を迎えている現代社会では、多様なプロフェッショナル(高度専門職人材)の育成が、高等教育に求められています。わが国では、少子高齢化が急速に進み、一人ひとりの生産性すなわち付加価値を高めることが急務となっています。個人的レベルでも、長寿化にともなって仕事に従事する期間が長くなり、生涯にわたって複数回のキャリア・アップを図り、自らの付加価値の向上が不可欠となっています。

　二十世紀の高等教育の目的の中心は「知識・スキル」の伝承・再生産でした。しかし、世界的規模の激しい社会変動が起こりつつある二十一世紀では、未知の課題に挑戦するための「知恵」の修得・創生すなわち思考力、想像力、創造力等を具備した人材の育成が高等教育機関に期待されています。多くの課題は、一人の人間によって解決できるものではありませんから、異なる知識・スキルを有する人たちが協働して挑戦するための協調性やネゴシエーション能力も重要となります。このためには、統合的な教育プログラムのマネジメント能力の開発・向上（マネジメント・ディベロップメント）が不可欠となっています。このことは、世界の多くの国々で共通に認識され、教育機関の対応や政策的な努力が推進されています。すなわち、新しい時代に対応した高等教育像が求められ、それに沿ったマネジメント改革が喫緊

の課題となっています。

　一般社団法人専門職高等教育質保証機構は、専門職大学院のうちビューティビジネス分野および教育実践分野の認証評価機関として文部科学大臣から認証されています。2014年からは、専修学校職業実践専門課程における専門職教育の質保証事業として、第三者評価を実施しています。さらに、実践的な職業教育を行う新たな高等教育機関として創設された専門職大学の分野別認証評価を計画しています。

　このような質保証事業だけではなく、わが国の専門職高等教育に質保証文化の醸成・定着をめざして、専門学校質保証シリーズ・専門職教育質保証シリーズを発刊してきました。第一巻では、職業教育の質保証の基本的な枠組、質保証に取り組むための考え方、手法、課題などについて解説しました（2015年）。第二巻では、高等教育のリカレント教育に話題を絞り、その方向性と質保証について解説しました（2021年）。第三巻では、デジタルトランスフォーメーション（DX）社会が専門職大学院・大学を求める背景の分析とともに、「個々人の可能性を最大限に伸長する教育」が渇望されている高等教育における学修のあり方とその質保証について議論しました（2022年）。この第四巻では、高等教育機関における教学マネジメントを中心にマネジメント能力の開発・向上（マネジメント・ディベロップメント）について議論します。

　2023年11月

　　　　　　　　　　一般社団法人専門職高等教育質保証機構

　　　　　　　　　　　　代表理事　川　口　昭　彦

目　次

第三部　内部質保証マネジメント

※本書の《注》に掲げた各ウェブサイトの最終アクセス日は2023年10月 1 日

第一部

二十一世紀人材育成のための
高等教育イノベーション

　日本の多くの高等教育機関は、高等学校を卒業して、入学試験を経て入学してくる学生を前提として教育プログラムを提供してきました（18歳中心主義）。キャンパスは、年齢、学力、学習歴など比較的同じような学生集団によって形成され、学生の行動パターンも同質性が高くなっています。たとえば、大学生の年齢は18歳から25歳の間に分布し、大部分の学生が、同じような授業を履修し、3年生までに卒業に必要な単位を取得し、4年生では「就活」のために、ほとんど大学キャンパスにはいない状況になります。大学は、「入試」と「就活」に挟まれた中間的期間となっています。大学生は「どこの会社に入社しようか」という意識で行動しています。どのような職業を選ぶかという「就職」と会社を選ぶ「就社」が混同されて、「職務」という意識が希薄となっているわけです。

　社会は、いわゆる偏差値（入学試験の成績）によって、大学を評価する傾向があります。本来であれば、在学中にどれだけの能力（知識・スキルだけではなく、思考力、判断力、創造力など根源的能力）を身につけたかを評価すべきですが、必ずしもそのようにはなっていないのが実態でしょう。高等教育関係者は、このような社会の傾向に不満をもってはいますが、社会を説得できるだけの学修成果・教育成果に関する情報を発信していないのも事実です。

　二十一世紀の高等教育機関には、18歳中心主義ではなく、多様なキャリアをもつ人々（リスキリング）を受け入れて、その多様性や流動性を自らの教育活動の活性化に活かすマネジメントが求められます。一人ひとりの学修者にとって、ダイナミックで柔軟性のあるマネジメントが肝要です。これこそが、「学修者本位の教育」であり、わが国の高等教育が、生産性向上に資し、国際通用性をもつ原動力となります。

第1章

教育と社会との接点に大きな価値が産まれる

　高等教育機関は、知的コミュニケーションの場であり、知の創造・集積・継承・発信のメディアです。大学は、十二～十三世紀の中世ヨーロッパで誕生し、長い歴史をもっていますが、社会とのつながり方は時代によって変化しています[1]。社会との関係の視点から、大学を三つの世代に分けて説明します（表1-1）。

表1-1　大学と社会との関係

大　学	世　紀	概　　　　　要
第一世代	十二世紀～十八世紀	中世の大学：教員と学生の協同組合としての大学。大学は単に特定の専門知識を教えるだけの機関ではなく、知的生活が共同で営まれるコミュニティとしての性格をもっていた。
第二世代	十九世紀～二十世紀	近代の大学：研究と教育の一体化をめざしたフンボルト型大学。大学は、関連深い専門領域の研究者たちから構成される学部や学科（ファカルティ）の連合体。フンボルト理念には、教員と学生の「双方向的学び」あるいは「教える自由」と「学ぶ自由」という視点が含まれていたが、基本的には教員主体であった。
第三世代	二十一世紀	現代の大学：多様化・複雑化する知識集約社会の中で知的創造の基地として期待されている。教員中心でも、教員と学生中心でもなく、さまざまな知的専門職のネットワークを中心として、社会との連携すなわち、「学び」と「実務」との密接な連携が求められる。

　中世ヨーロッパで誕生した大学は、都市を拠点とした広域的な人の往来や物流の活発化と関係しています。広域的な経済拠点として都市が発展し、都市から都市へ移動する人々（都市を遍歴する自由な知識人）が、新しい知識を伝え、大学はそれらを集積するメディアでした。大学は、単に特定の専門知識を教えるだけの機関ではなく、知的生活が共同で営まれるコミュニティとしての性格をもち、これによって人間力（思考力、創造力、協調性など）が育成されました。

　活版印刷術（1445年頃グーテンベルグが発明）の普及にともなって、知識人が都市から都市へ遍歴する都市ネットワーク時代（自由な移動の時代、口承・手書き文化）は終わり、図書室や書斎での書物の比較照合を中心とする印刷メディア時代（印刷術が知的創造力の基盤、活版印刷文化）が到来しました。自然科学や人文社会科学が発展し、新しい知識創造・継承が求められ始めた十八世紀には、医学、科学、工学、法学などの専門知を集積して、伝達する機関として機能したのは、それまでの大学ではなく、専門学校やアカデミー[2]でした。アカデミーでは、硬直化していた当時の大学よりはるかに柔軟に実学的かつ先端的な教育が行われました[3]。社会全体のあり方についても、主権国家体制や市民社会の成立、産業革命による資本主義の確立、国民国家の形成など現代社会を特徴づける変革が展開しました。

　知識創造・継承する機関としての存在感が薄れていた当時の大学は、教育と研究の一致という「フンボルト理念」に沿って十九世紀初頭のドイツで、国民国家の知的資源の主要な供給源と位置づけられ、再生しました。この第二世代の大学は、人材育成と研究開発の両面で国家の支援を受けながら総合的な高等教育機関となり、専門学校やアカデミーの機能をも呑み込み史上最大の教育研究体制に成長しました。

　フンボルト型大学の最大の特徴は、それまでの教育中心であった高等教育に、ゼミナールや実験・実習などの研究志向の手法を取り入れたことです。教員だけでなく学生にも研究させるようなカリキュラム体系となっています。この改革は、知識が定まった不動のものではなく、常に進化するもので

あるという考え方に基づいており、知識は教員と学生の対話の中から絶えず新たに産まれるものであるという思想が根底にあります。すなわち、新しい知識の構築過程で、古い知識は絶えず問い返され、認識の枠組全体が変化していくのです。このために、フンボルト理念は、「内容」としての知から「方法」としての知への転換を求めています（コラム1-1）。

コラム 1-1

高等教育の目的は、**「内容」としての知**（すでに知っていること）を教えるのではなく、**「方法」としての知**（いかに知るか）を学ぶことである。

　今日の高等教育の基本構造となっている講義と演習、実験・実習、論文指導などが、十九世紀ドイツの大学で構築されたことが理解できます。また、最近声高に叫ばれている「アクティブ・ラーニング」や「学修者本位の教育」も、すでに十九世紀初頭に提唱されていました。このドイツ発の大学概念は、国民国家の教育研究体制のモデルとして、世界各国の近代化政策の一環として導入されました。

　フンボルト理念のもう一つの特色は、いわゆる権力構造の外にある「真理探求の空間」が必要であることから、時の支配者から解放された自由の必要性が強調されていることです。いわゆる「学問の自治」が守られる教育機関における教育研究を、社会も中立的な知識として受け入れてきたわけです。とくに、第二次世界大戦後の日本の大学では、この「学問の自治」が重要視されてきました。

　しかしながら、第四次産業革命（情報革命、AI革命）が急速に進行し、情報技術をはじめ各分野の驚異的な進歩にともなって、社会・産業構造を変えるイノベーション（刷新、革新）の波が世界を覆っています。このような流れの中で、高等教育における「学び」と「実務」の結合に対する期待が高まり、新しい高等教育像が求められています。すなわち、大学と社会との関係が基本的に変わり、「ポスト近代大学（第三世代の大学）」への脱皮が渇望されています（コラム1-2）。

コラム 1-2

これからの高等教育（第三世代の大学）は、**社会の諸課題を視野**に入れて、**新たな知を創造**する責務がある。第三世代の大学は、多種多様な**知的専門職人材の分業と協業**の場でなければならない。

　高等教育は「知」のリーダーでなければなりません。このために、各教育機関には激動する社会を見据えた個性あるマネジメントが必要になります。日本の高等教育マネジメントは、欧米諸国のそれと比較して、課題を抱えていると言わざるを得ません。わが国の高等教育の画一性は、かなり変化してきてはいるものの、何ごとも横並び、集団主義、形式主義など、二十世紀の昔と同じ空気が教育界にも残念ながら残っています。日本社会自体の不寛容さや「出る杭は打たれる」傾向を打破して、社会のさまざまな部分に知的な「多様性」「流動性」そして「生産性」の風穴を開けることを、高等教育関係者は率先して実行しなければなりません。

　わが国の高等教育関係者は、留学生の受け入れ（グローバル化）やリカレント教育（学び直し）を18歳人口の減少に対する方策と捉える傾向にあります。そうではなく、これらを高等教育の「多様性」「流動性」そして「生産性」に資する事業として、積極的に推進する必要があります。

第1節　タテ社会からヨコ社会への変革

　日本の社会構造を分析した中根千枝[4]は「タテ社会」とよびました。タテ社会とは、垂直的、固定的かつ直線的に構成された社会であり、組織間に壁を作り、それぞれの内部で基本的に年齢を中心とした部分最適化を図る組織で、わが国の集団構造の基本となっています。高等教育においても同様で、教員は知識・スキルを教える役割を行い、学生はそれを真面目に伝承すべきであるという認識が、教員にも学生にも根強く残っています。確かに、教員は自分の知識・スキルを講義等で披露し、学生はそれを真面目にノートをと

り期末試験等で良い点を取れば、教員と学生の両者にとって楽でしょう。しかしながら、このような意識が、わが国の国際的経済力・研究開発力低下[5]につながることになっていることは否定できません。DX社会では、「画一的な学び」より「自律的な学び」の方が組織（あるいは国全体）の生産性向上に資することになります。

　新型コロナウイルス感染症対策の一環として、2020年３月頃から教育のオンライン化が推進され、急速にオンラインによる授業環境が整いつつあります（図1-1）。知識やスキルの大部分は、オンライン授業によって習得できますから、コロナ禍の収束した後、すべてを以前のような対面授業に戻すことは許されることではありません。オンライン授業のメリットを最大限に活かし、対面授業との連携（ハイブリッド学習）によって、高等教育のさらなる高度化を図り、質向上につなげる必要があります。したがって、教員の役割として、オンライン授業の適切な実施の指導やオンライン授業によって学生が身につけた能力の評価が重要となります。すなわち、ハイブリッド学習の

図1-1　対面授業とオンライン授業によるハイブリッド学習

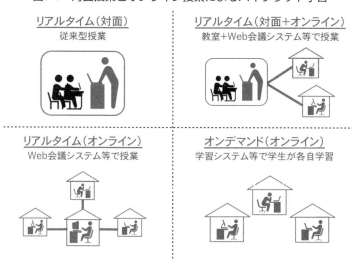

成果を十分に高めるためのマネジメントが必要となります。

　最終的にめざすべきは、**タテ社会**の発想から脱却して、異なる組織間で個別利害を超えた横断的な人材流動の回路を備えた**ヨコ社会**の構築が急務です。ヨコ社会は異なる価値観をもつ人々による水平的、流動的に行き来する社会で、ヒトやモノのダイナミックなコミュニケーションが産まれます。高等教育の視点からは、教員から学修者への一方向の知識・スキルの伝承ではなく、教員を含めた学修者同士の議論等を通じた多方向の「学び合い」と一個人が人生の間に仕事と学びを複数回繰り返す「学び直し」（リスキリング）です。これらをまとめて、循環型学修（図1-2）とよびます。さらに、教育機関内だけでなく、社会（地域や企業等）との連携による循環サイクル（学びと実務の連携）も重要です。

図1-2　循環型学修：「学び合い」と「学び直し」の文化

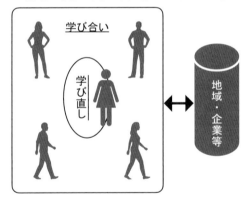

　ヨコ社会のわかりやすい例の一つが、グローバル化です。タテ社会では通じたかもしれない「以心伝心」や「阿吽の呼吸」などの言葉は、グローバル化が進むヨコ社会では通じるはずがありません。ヨコ社会では、自らの主張や立場を明確に表現して、他者に理解してもらうための「ネゴシエーション」が重要です。グローバル化には、メリットはもちろんありますが、大きなデメリットもあることを認識しておく必要があります（表1-2）。ヨコ社会がヒ

トに求める能力は、タテ社会のそれと大きく変わりますが、これらについては、第2章第1節（p. 31）および第3章第1節（p. 47）で議論します。

表1-2　グローバル化のメリットとデメリット

メリット	グローバル化によって、これまであった障害が取り払われることにより、チャンスが大幅に拡大する。　→　**新しい分野に挑戦する人材**
デメリット	関係する国、社会あるいは人が増えることによって、これまでは想像もできなかった事態が起こる可能性が高い。不確定要素、リスクが増大する。　→　**リスクに柔軟に対応できる人材**

第2節　UNESCO地域条約と高等教育のグローバル化

　日本の高等教育機関では、志願者の合否を筆記試験等の結果に基づいて判定するのが通例で、外国での成績・資格の審査・評価は、個々の教育機関や教職員の経験や知識に依存しているのが現状です。これに対して、欧米諸国の高等教育機関では、一般的に、志願者の選抜は、入学試験ではなく、志願者の高等学校での成績、志願動機のエッセイ、推薦状などを基に判断されます。

　アジア・太平洋地域内における学生や研究者の流動性を高める観点から、UNESCOの「アジア太平洋地域における高等教育の学業、卒業証書及び学位の承認に関する地域条約（以下「バンコク条約」と略します。）」（1983年採択、1985年発効、日本は締約国には加わっていません。）が締結されました[6]。このバンコク条約を改定するために、関係国閣僚級会合が東京で開催（2011年11月）され、「高等教育の資格の承認に関するアジア太平洋地域規約（通称：東京規約）」が新たに採択されました[6]（表1-3）。

　この改定では、より多くの国の参加をめざす観点から、バンコク条約において承認対象として規定されていた職業資格への言及が削除されました。さ

表1-3　東京規約の趣旨と主な概要

趣旨 ・アジア太平洋地域の経済的、社会的、文化的および技術的発展と世界平和の促進 ・アジア太平洋地域の締約国において得られた高等教育資格をすべての締約国が認定し、締約国間における学術的な人の移動を促進 ・アジア太平洋地域における高等教育資格の認定に関する実務的な課題に対する解決法の模索
資格の評定に関する基本原則（第3章関係） 　いずれかの締約国で授与された資格の保持者は、適切な機関への要請に基づき、迅速に、資格の評定の機会を与えられるものとする。各締約国は、資格の評定および承認の手続、基準について、透明性、一貫性、信頼性、公平性等を確保するものとする。
高等教育を受ける機会を与える資格、高等教育資格等の承認（第4〜6章関係） 　各締約国は、実質的な相違が見られない限り、他の締約国において授与された高等教育課程への入学志願のための資格、既修得学習および高等教育資格を承認するものとする。
評定及び承認に関する情報（第8章関係） 　各締約国は、それぞれの高等教育制度に関する適切な情報を提供するため、高等教育情報を提供する「国内情報センター」の設立と維持に向け適切な措置を講ずる。

らに、バンコク条約の目的を効率的に推進するために、高等教育をめぐる状況の変化を踏まえて、「教育の質保証」にも言及しました。その上で、「実質的な相違（substantial differences）」がみられない限り、他の締約国において授与された学位等の高等教育資格を承認するとともに、高等教育機関における入学申請や修業年限の承認時においても、相当する学修を適切に承認することが盛り込まれました（表1-3）。

　日本政府は本規約に加盟（2017年12月）し、2018年2月に発効しました。締約国は、2021年5月1日現在、オーストラリア、中国、ニュージーラン

ド、日本、韓国、バチカン、モンゴル、トルコ、フィジー、ロシア、アフガニスタン、アルメニアの12カ国（締約順）です。

高等教育資格承認情報センター（NIC-Japan）

　東京規約の締約国には、高等教育資格に関する情報の提供や相談の窓口となる「ナショナル情報センター（National Information Centre, NIC）」の設立および維持のために適切な措置を講ずることが求められています（表1-3）。そして、各国のナショナル情報センターによるアジア太平洋ナショナル情報センターネットワーク（Asia-Pacific Network of National Information Centres, APNNIC）が設立されました。ナショナル情報センターに求められている高等教育情報の提供範囲は、表1-4に示した内容です。わが国を代表す

表1-4　ナショナル情報センターに求められる高等教育の情報提供の範囲

> 各締約国が、自国で交付した資格に対する他の締約国での承認に際して、他の締約国の承認当局による十分な根拠に基づいた**当該資格承認を確実なものとするために、提供を求められる情報**：
> (a) 当該国の高等教育制度の説明
> (b) 当該国の高等教育制度に属する種々の高等教育機関の概要およびそれぞれの典型的な特徴
> (c) 当該国の高等教育制度に属する承認および/あるいは認定された高等教育機関の一覧。それぞれが有する種々の資格を授与する権限およびそれぞれの種類の機関および課程への志願要件を示す一覧
> (d) 質保証メカニズムに関する説明
> (e) 締約国がその教育制度に属するとみなす教育機関で、その領域の外に位置するものの一覧
>
> **資格の承認を促進する**ことを目的に、次の方法により、**適切で正確かつ最新の情報提供**を行う：
> (a) 高等教育制度および当該国の資格に関する公式で正確な情報の入手を容易にする。
> (b) 他の締約国の高等教育制度および資格に関する情報の入手を容易にする。
> (c) 国内法令に則って資格の承認および評定に関する助言または情報を与える。

るナショナル情報センターである高等教育資格承認情報センターは、独立行政法人大学改革支援・学位授与機構内に設置されています（https://www.nicjp.niad.ac.jp/）。

　NIC-Japanは「日本の高等教育資格の国際通用性の確保と、諸外国との円滑な資格の承認に貢献すること」を目的とする業務内容を掲げています（コラム1-3）。そして、記載されている高等教育機関数(2023年7月末現在)は、大学　1,653件、高等専門学校　72件、専修学校　2,965件、省庁大学校　3件、合計　4,693件、記載されている資格は、学士、学士（専門職）、短期大学士、短期大学士（専門職）、修士、博士、専門職学位、準学士、専門士、高度専門士です。

コラム 1-3

NIC-Japanの業務内容
①　日本の高等教育制度に関する情報提供
②　東京規約締約国を主とした外国の教育制度に関する情報提供
③　諸外国のナショナル情報センター（NIC）等との連携
④　各種調査研究

　このように、資格相互認定の前提として、締約国が高等教育制度およびその質保証制度に関する情報を相互に提供することが提案されています。さらに、UNESCOのディプロマ・サプリメント[7]または各高等教育機関により作成されるこれに類する文書の活用、UNESCO-OECDの「国境を越えて提供される高等教育の質保証に関するガイドライン」[8]または国内法令に則り各締約国の各高等教育機関により作成されるこれに類する文書の活用などが推奨されています。

　ヨーロッパ地域においては、1979年の「ヨーロッパ地域における高等教育の学業、卒業証書および学位の認定に関する地域条約」を見直して、1997年に学位・高等教育資格の認証に関する条約（リスボン認証条約、Lisbon Recognition Convention）が発効しました。これにより、ヨーロッパ情報セン

ターネットワーク（European Network of Information Centres in the European Region, ENIC）およびナショナル学術認証情報センター（National Academic Recognition Information Centres in the European Union, NARIC）が設置されています。各国のENIC-NARICが協力して、海外の学位・資格に関する情報提供および評価業務を行っています。具体的には、外国の学位、ディプロマ、専門職業資格の認定に関する情報提供、他国および自国の教育制度に関する情報提供、留学に関する奨学金支給や個別質問への助言などが行われています。

外国の教育機関における成績や資格を評価/認定するシステム（FCE/FCR）

　国際的な学生の流動化が拡大する中で、外国の教育機関で学習した志願者の学位・学歴や成績を適切に審査・評価することが重要になっています。欧米諸国では、留学生や移民など外国の教育機関での学習歴をもつ外国人を多数受け入れてきた歴史的背景があり、外国の教育機関における成績や資格を評価/認定するシステム（Foreign Credential Evaluation/Recognition, FCE/FCR）が機能しています。外国人志願者（留学生）の選抜についても、それぞれの高等教育機関で学歴・学位・成績評価を行うだけでなく、外国の成績・資格評価を実施する国あるいは第三者機関からの情報を活用することが一般的に行われています[9]。外国で発行された成績証明書、学位・卒業証明書、資格証明書などについて、その保有者を受け入れようとしている国の教育機関あるいは外国資格評価機関において、当該国の教育制度や資格制度の下で、どの段階に対応するか、学業成績のどの評定に対応するか、あるいはどの資格と同等であるかを評価/認定することです（表1-5）。すなわち、外国で発行された各種証明書と当該国の制度との接続性と同等性を評価/認定するものです。当然、受理した各種証明書が真正であるか否かの審査も含まれます。

表1-5　FCE/FCRが提供する情報

> 外国で発行された**学位・卒業証明書、成績証明書、資格証明書等**について、その保有者を受け入れようとする国の機関において、**当該国の教育・資格制度に照らして、**
> 　1）どの段階にみなされるか（**接続性**）
> 　2）どの評定にみなされるか（**学業成績**）
> 　3）どの資格と同等であるか（**同等性**）
> を**評価/承認**する。

　FCE/FCRには、学術的な資格評価/認定と専門的職業の資格評価/認定の二種類に大別できます。専門的職業の資格評価/認定は、母国で取得した専門的職業の資格が受け入れ国の制度と照らして同種類の職業に従事できるかどうか、あるいは受け入れ国での当該資格試験の受験資格があるか否かを判断するものです。学術的な資格評価/認定は、高等教育機関への入学あるいは編入学の審査の際に、志願者の母国で取得した学位・卒業証明書や成績証明書が、同等の学修成果（資格）として認定できるか否かを判断するために活用されます（表1-5）。もちろん、教育機関自身の判断が大前提ですが、その判断を支援するための資料として提供される機能も重要です。高等教育資格承認情報センターのデータが有効に活用されるためには、収集されたデータを分析することも重要になります。

　国内外の機関間あるいは職業セクター間の移動、国際競争、グローバルな労働市場など、国境を越えた人々の移動性が高まり、移動する人とともに、その個人が取得した学業や職業に関する資格やその証明書も移動することになります。移動先では、それらの資格や証明書が適正に評価され、受け入れた人の能力やスキルが、教育機関や雇用先で正当に取り扱われなければなりません。これがUNESCO地域条約の精神であり、FCE/FCRには、日本の高等教育機関で学んだ人々が、海外留学したり、海外で就職する際に、わが国の学位や資格が海外で適正に評価/承認されることを促進する機能も不可欠

です。また、国内で教育・訓練を受けた者と国外で受けた者との学歴・資格を比較可能なものとし、国際的な人材の質の確保に寄与することになります。さらに、ディグリー・ミルやディプロマ・ミルなど、各種証明書の偽造業者がみられる現状では、FCE/FCRの必要性が高まっています。

第3節　リスキリング：DX社会・人生100年時代の対応

　リスキリング（reskilling）は、人材育成に関わる概念のひとつで、新しい知識・スキルを習得することをさします（コラム1-4）。第四次産業革命には、バイオ革命やロボティクスなどさまざまな技術革新が含まれていますが、最も注目されるのはDX化の加速です。このため、DX人材育成の文脈の中で「リスキリング」という言葉が使われることが多くなりました。たとえば、向こう10年以内に、国内では事務職や生産職に数百万人規模の大幅な余剰が生じる一方で、デジタル人材をはじめとした専門・技術職は同程度以上の不足が予測されています[10]。不足するDX人材を採用する方法で外部から招聘しようとしても難しい状況で、リスキリングによって内部人材に必要なスキルを身につけさせることが、企業にとって合理的な選択となります。しかし、海外に比べると日本企業のリスキリングの浸透度は高くありません。

コラム 1-4

リスキリングの定義（経済産業省、2021年）
新しい職業に就くために、あるいは、**今の職業で必要とされるスキルの大幅な変化に適応する**ために、必要なスキルを獲得する／させること。

　「人への投資」と「企業間の労働移動の円滑化」のために、リスキリングが注目され、政策誘導も行われていますから、リスキリングがさらに活発化することに疑いの余地はありません。リスキリングと混同しやすい概念に、リカレント教育（recurrent education）と職場内教育訓練（on the job training, OJT）があります。これら三者は、新しいスキルを身につけるという目

的では共通しているものの、そのための過程や対象などが異なります（表1-6）。今や、情報通信技術を駆使することによって、職を離れることなく、新たな価値創造をめざしたスキル修得が可能となっています。

表1-6　リスキリング、リカレント教育と企業内教育訓練との相違点

リスキリング	・企業等に勤めながらスキルの習得をめざす。 ・既存の業務にこだわるものではなく、職務で価値創出し続けるために必要なスキル習得をめざす。
リカレント教育	・企業等での職務を離れる前提で、教育機関における学習によってスキルの習得をめざす。 ・自ら主体的に何を学ぶかを選択する。
企業内教育訓練	・職場にある既存の仕事を通じて、業務を行いながらスキルを身につけていく。 ・企業の人事戦略によって訓練内容が決まる。

　リスキリングは、デジタル技術を直接扱う職種のみに限ったものではありません。DX時代では、デジタル化を通してビジネスプロセスを根本から変える取組が求められますから、営業職や事務職などあらゆる人材にリスキリングが必要になります。ここに、一企業内だけでは対応できない理由があり、高等教育機関が積極的にリスキリングに関与すべきポイントがあります。

　第1節で言及しましたグローバル化対応とともに、高等教育が直面している課題は、人生100年時代を迎えたリスキリングへの対応です。日本では、世界のどの国も経験したことのない速度で、少子高齢化が進行し、人生100年時代が到来しています[11]。国立社会保障・人口問題研究所の将来推計[12]によると、2050年には日本の総人口は1億人を下回ると予測されています（2022年10月1日の推計データ[13]によると、この減少速度はもっと早いと予想されます）。1997年から65歳以上の高齢者人口が、14歳未満の若年人口の割合を上回るようになり、2017年には3,515万人で、全人口に占める割合は27.7%にまで上昇しました[14]。2019年9月15日現在推計[14]によると、総人口

第1章　教育と社会との接点に大きな価値が産まれる

は前年に比べ26万人減少しましたが、65歳以上の高齢者は3,588万人（前年から32万人増加）となり、総人口に占める割合は28.4％に達しています。わが国の高齢者の総人口に占める割合（2019年）は、世界の主要国の中で最も高くなっています[15]。

　日本では、出生率が減少する一方で、医療の発達や保険制度の充実から長寿化が進んだ結果、少子高齢化という国レベルの課題だけでなく、個々人についても長い人生を、いかに有意義に過ごすかを考えなければならない時代に突入しています（図1-3）。

図1-3　単線型から多様なキャリア・パスへの変革

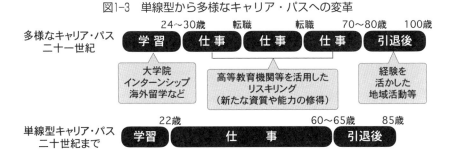

　わが国の二十世紀までの伝統的な人生プラン（生き方）は、「高等教育を卒業（修了）し、企業等に就職し、終身雇用の下で同じ企業等で働き続け、あとは年金で暮らす。」という「学習」「仕事」「引退後」の三ステージからなる単線型キャリア・パスでした（図1-3下段）。一昔前の50歳代といえば、組織の中での到達点が見えてきて、60〜65歳の定年退職を前に、職業人生の最終コーナーを回る時期だったでしょう（プレシニア期）。しかし、健康寿命が延びることによって、プレシニア期は、あと15年から20年間働き続けるための足掛かりを作らなければならない時期へと変化しています。

　二十世紀までの単線型キャリア・パス体制は、日本独特の終身雇用制度によって支えられてきましたが、終身雇用制度も崩れつつあります。日本経済新聞社による主要企業（5,097社）の2023年度の採用計画調査[16]によると、

毎年度の採用計画人数に占める中途採用の比率は、2017年度までは1割台で
推移していましたが、2022年度には3割を超えました。さらに、2023年度の
中途採用比率は、非製造業で4割（39.9%）、製造業でも3割（31.7%）を
超えて、7年間で約2倍に達しています。わが国のタテ社会を長年支えてき
た日本型雇用が崩れ、ヨコ社会への変革に迫られています。人生100年時代
の到来によって、この伝統的な単線型キャリア・パス体制から多様なキャリ
ア・パス体制への見直しにも迫られています（図1-3上段）。

　社会の変化は日進月歩ですから、キャリア初期に身につけた専門知識やス
キルだけでは、長い勤労人生を生き抜くことは不可能です。これまでの「学
習」「仕事」「引退後」の三ステージ（単線型キャリア・パス）から、仕事と
学習とを往復しながら、あるいは「社会的活動」「休み」や「遊び」の時間
も含めながら、さまざまな活動に挑戦する多様なキャリア・パスを想定する
必要があります（図1-3）。最近の新型コロナウイルス感染症禍で在宅勤務や
リモート勤務などの展開によって、働き方の柔軟性・自律性が高まり、仕事
観や人生観が変わってきています。初期の「学習」については、学士課程の
卒業に加えて、大学院進学、インターンシップ、海外留学などによって、自
らの適性を的確に判断し、キャリア・デザインを描く機会が必要です。当然
「仕事」のステージが長くなりますから、生涯に複数のキャリアをもつこと
が不可欠となります。時代の変革とともに社会から求められる知識・スキル
は変化しますから、一度学んだ知識・スキルが、この先長期間にわたって変
わらぬ価値をもち続け、社会から求められ続けるとは到底考えられません。
このため、長い人生を生産的に活動するために、生涯を通じて、新しい知識
やスキルそして価値観等を獲得するための意欲や投資が肝要です（コラム1-
5）。長い人生の間には、多くの変化・選択を経験することになり、多様な選
択肢をもっていることの価値が高まります。生涯を通じて、生き方や働き方
を柔軟に修正する能力をもち続けることが重要で、「生涯現役」という意識
が求められます。日本では、終身雇用を前提に多くはキャリア形成を勤務先
に委ねてきました。三位一体の労働市場改革の中でリスキリング拡充が打ち

出されていますが、問題は個人の意欲です。個人が動かないことには何も始まりません。三位一体の労働市場改革の指針[17]の冒頭でも、働き方が大きく変化し、「キャリアは会社から与えられるもの」から「一人ひとりが自らのキャリアを選択する」時代となったと記述されています。

> **コラム 1-5**
>
> 個人が自らの人生を設計し、一人ひとりのライフスタイルに応じた**キャリア選択**を行い、**知識・スキルを身につけること**が肝要である。

日本型リカレント教育からリスキリングへ

　日本では長年にわたり、職務遂行上に必要な能力は、企業内教育訓練によって培われてきました。この企業内教育訓練は、終身雇用を前提として、長期的な人材形成という視点から新規学卒者を基幹労働力化していく日本的なあり方でした。二十世紀の工業社会では、これが大いに機能して、わが国の国際的存在感を高めることに貢献しました。ところが、社会環境の急速な変化への対応には、企業内教育訓練のみでは限界が明らかになり、「リカレント教育」への切り替えが必要でした。欧米諸国では、就業後の教育訓練は「リカレント教育」という概念で推進されています[18]。

　リカレント教育（recurrent education）は、経済協力開発機構（OECD）によって公式に採用（1970年）され、「リカレント教育：生涯学習のための戦略」報告書[19]（1973年）が公表されました。この報告書では、青少年期という人生の初期にのみ集中していた教育を、個人の全生涯にわたって、労働・余暇・その他の活動とを交互に行うように提案し、この教育改革を「血液が人体を循環するように、個人の全生涯にわたって循環させよう。」と表現しています。すなわち、OECDの提唱するリカレント教育は、個人が社会の急速な変化に対応していくためには、生涯を通じての教育が必須であり、従来は人生の初期にのみ集中していた教育へのアクセスを、すべての人々の全生涯にわたり分散・循環させるという考え方が基盤となっています。この

考え方は、国際的に広く認知され、1970年代から教育政策論として各国に普及しました。

　OECDの提唱したリカレント教育は、学校教育を人々の生涯にわたって分散させようとする理念であり、職務上必要な知識・スキルを修得するために、「働く」と「学ぶ」とを繰り返すことです。これに対して、終身雇用の慣行が根づいていた日本では、従来から仕事に必要な知識・スキルの修得は、企業内教育訓練に依存してきた経緯があり、「正規学生として学校へ戻る。」という本来の意味でのリカレント教育が実施されることはほとんどありませんでした。このような事情から、文部科学省では、「リカレント教育」を「社会人の学び直し」と諸外国より広く捉えて、職務上必要な知識・スキルの修得のための学習だけでなく、心の豊かさや生きがいのために学ぶ場合、さらに、学ぶ方法として、教育機関（大学や専門学校）以外の場で学ぶ場合なども含めています[20]。この意味では、成人の学習活動の全体に近い概念と言えます。

　わが国のリカレント教育は、職務上必要な知識・スキルを修得する目的以外に、心の豊かさや生きがいを求める、いわゆる定年退職後のシニア向けの生涯学習も含んでおり、広い定義となっています。これに対して、諸外国で一般的に認知されているリカレント教育は、生涯学習の一部ではありますが、働くことが前提の学びであり、仕事でのスキル・アップ、キャリア・アップ等をめざす目的で受ける教育をさしており、シニアの生涯学習などは含まれず、趣味や生きがいを目的として受ける学びでもありません。

　わが国のリカレント教育は、OECDの定義と比較して広範囲となっているにもかかわらず、諸外国と比較して驚くほど低調でした。リカレント教育の普及状況を推測できる二つのデータを紹介しましょう。まず、高等教育機関（４年制大学）への25歳以上の入学者の割合をみましょう（図1-4）。わが国は、国際的にみて、この割合が最低レベルになっています。オランダやベルギーが近い割合を示していますが、両国では近隣諸国（ドイツ、フランス、イギリスなど）や他のEU諸国との学生交流が積極的に実施され効果をあげ

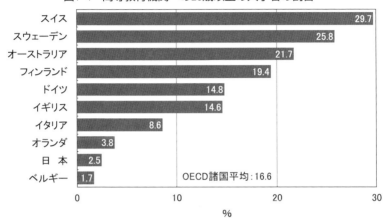

図1-4　高等教育機関への25歳以上の入学者の割合[21]

ていますから、わが国とは教育環境が大幅に異なります。

　第二のデータは、大学・大学院進学率の国際比較です（表1-7）。世界主要国の大学進学率（OECD資料）は、25歳未満年齢層における入学者の各年齢別人数とそれに対応する各年齢別人口により算出された値で、短期大学相当の大学は含まれず、初めて大学に入学した者のみ対象で再入学者、編入者および留学生は含まれません。大学相当の教育機関進学率（日本の大学・大学院、短期大学などに相当）（UNESCO資料）は、年齢には関わらず大学への総入学者数を単純に大学入学適齢人口で割った比率です。したがって、大学への入学者総数には浪人など適齢年齢以外の入学者や外国からの留学生も含まれますから、大学入学適齢人口で単純に除した場合、100％を超えることもあります。すなわち、一人の人が複数回大学に入学していることを示唆しています。わが国は、153カ国中49位（64.9％）となっており、先進諸国の中では非常に低い割合となっています。

表1-7　大学・大学院進学率の国際比較[(22-24)]

順位	大学進学率		大学院進学率
	大学進学率 2019年　OECD資料	大学相当の教育機関進学率[*1] 2020年　UNESCO資料	修士課程レベル 2019年　OECD資料
1	ギリシャ　　67.6%	ギリシャ　　148.5%	フランス　　38.6%
2	ベルギー　　63.9%	オーストラリア　116.0%	ポーランド　31.0%
3	ポーランド　63.8%	トルコ　　　115.0%	ノルウェー　27.6%
4	スロベニア　63.7%	マカオ　　　113.0%	ベルギー　　27.2%
5	オーストラリア　58.9%	グレナダ　　104.5%	ポルトガル　27.1%
日本の 順位	OECD加盟38カ国中 14位（54.4%）	153カ国中 49位（64.1%）	OECD加盟38カ国中 29位（5.5%）

[*1]国によって、2020年から2018年のデータが混在する。

　世界主要国の大学院進学率（OECD資料）は、日本の修士課程レベルの教育プログラムへの進学を示しており、大学卒業後に進学する場合のほか高等学校から直接六年制プログラムに進学する場合も含まれています（表1-7）。30歳未満年齢層における入学者数の各年齢別人数とそれに対応する各年齢別人口に算出された値で、初めて大学院に入学した者のみ対象で再入学者、編入者および留学生は含まれません。大学院進学率をみると、日本の課題が明確です。世界の主要国の中で最も大学院進学率が高いのはフランスで、ポーランド、ノルウェー、ベルギー、ポルトガルと続きます。一方、日本はOECD加盟38ヵ国中29位で、大学への進学に比べて、大学院への進学が主要国でも非常に少ない国の一つです。職務上のスキル・アップやキャリア・アップあるいは新しい職務に対する挑戦という立場からは、おそらく大学院における専門職教育が重要な意味を持ちますから、この大学院への進学者の少なさは深刻な問題です。
　技術革新の速さや社会環境変化の大きさに対応するためには、「これまで

の知識・スキルのアップデート」や「新たな知識・スキルの修得」が不可欠
です。かつては高等教育における教育課程を修了した後、企業に就職して定
年まで働く「終身雇用」が一般的でしたが、雇用の流動化が進み、終身雇用
制度が崩れています。そのため、従来のような企業主体の社内教育訓練だけ
に頼るのではなく、自らが学びの機会を作り、自分のキャリア・デザインに
合わせた自律的な学び直し（リスキリング）が必要です。少子高齢化社会、
人生100年時代では、男女問わず若者から高齢者まで誰もが、それぞれの能
力を最大限に発揮して活躍することが求められます。定年退職後の再雇用・
再就職、育休・産休後の仕事復帰など、あらゆる世代がキャリア・アップを
めざすためには、絶えず新たな知識・スキルを身につけることが肝要です。
さらに、目の前の仕事の延長上にはない革新的な思考を修得する場も必要で
しょう（コラム1-6）。

コラム 1-6

リスキリングが必要とされる背景
① 急速な技術革新と社会の変革→**新たな知識・スキルの修得**
② 雇用の流動化→**自分のキャリア・デザインに対応した自律的な学修**
③ 人生100年時代と少子高齢化→**一億総活躍社会**

　今や、情報通信技術の発達によって、対面授業でなくとも十分な学修成果
が期待できます。したがって、一定期間職場を離れなくともリスキリングを
行うことは十分可能です。高等教育機関がもつ潜在力を十分活かすマネジメ
ントが期待されます。

大学院教育プログラムの充実

　日本の高等教育については、学士課程が最後の教育課程であり、大学院は
研究を行うという認識でした。分野によって差はありますが、全般的には現
在でもそのような意識が続いています。しかし、リスキリングに寄与する主
体は、大学院教育でしょう。日本の大学院教育プログラムは、たとえばアメ

リカ合衆国のそれと大きく異なります。アメリカでは、大学院教育に力を入れている大学が多く、他のカレッジ等でリベラル・アーツ教育を受けた者が入学します。入学後には専門分野に関する講義や演習を課し、集中的な専門教育が実施されます（コラム1-7）。ヨーロッパ諸国でも、専門職教育の中心を大学院に求める傾向が強くなっています。

コラム 1-7

アメリカの大学院学生の大部分は、他のカレッジ等で**リベラル・アーツ教育**を受けた後入学者選抜を経て、入学する。入学後には、**プロフェッショナル**を育成するための**集中的な専門教育**が行われる。

　アメリカの大学院教育の基本的ポリシーは、「20歳前後の若い頃に集中的にハードな学修をすることが良い（しなければならない）。」であり、一教科当たり講義ノートの厚さの2倍程度の演習レポートの提出を求められ、読んでおくべき参考文献は、その何倍にもなります。このように、大学院教育によって徹底的に鍛え上げる方針が貫かれています。学生は、必要な単位を取得した上で認定試験（Qualifying Exam, QE）を受け、これに合格して初めて研究に着手します。ほぼ全員が指導教員や大学の資金から奨学金を取得していますが、学生は、QE合格後はなるべく短期間で博士号の取得をめざします。科目履修期間や論文作成のための研究期間は定められていませんので、博士号取得が早ければ、それだけ支出やローンの負債が少なくなり、就職により高収入が期待されることになります。日本のように、修士課程と博士課程それぞれ修業年限が定められているのではなく、研究成果を厳しく審査する文化が根づいています。

　アメリカの大学院教育の優れた点は、専門分野の教育を集中的かつ徹底的に行い、その専門分野の方法についての理解を修得させることです。学生は、この深い理解をもとに学位取得後は、より広い分野に関する理解を容易に獲得できるようになります。それだけ、博士号を取得するメリットが明確になっており、社会もそれを十分理解しています。

　日本の学部教育は、アメリカと比較して「早期専門化」を図り、大学院教育ではそれを深めるという方向性が強く出されています。大学院教育は、学部教育で修了した専門教育の狭い分野に特化した附加的な（時には趣味的な）内容になっているケースが多いと思われます。

　アメリカのシステムが最善か否かは疑問かもしれませんが、大学院教育の結果として身につけた能力は明らかにアメリカの教育システムの方が上であると考えざるを得ません。「早期専門化」は、ある程度将来の見通しが予測できた二十世紀の工業社会では、有効であったかもしれません。しかしながら、予測が困難なほど急激に進化する二十一世紀社会では、学生に広い柔軟な思考力・行動力などの根源的な基礎能力を身につけさせることが求められます。このためのコースワークが重視され、学生を厳しく訓練する必要があるわけです。アメリカ式大学院教育をわが国で実現するには、人的リソースの有効利用を図るためのマネジメント改革および学生・教員双方の意識改革が求められます。

　第二次世界大戦後の日本の大学制度は、アメリカのそれをモデルとし、大学院や学位の制度も大きく改変されました。修士の学位が新設され、大学院には修士課程2年、博士課程3年の教育課程が置かれ、各課程の修了者には、提出論文の審査を経て学位が授与されることになりました。しかしながら、とくに博士学位授与の実態は、ほとんど戦前と変わらず、「後継者養成」の場にとどまる状況が続いてきました。すなわち、アメリカモデルの模倣は表面的なレベルにとどまり、実態としては戦前とほとんど変わりませんでした[25]。

　このような事情から、わが国の大学院では研究者養成や大学教員養成が強調される傾向があります。これに対して、欧米諸国では、大学院教育による専門職人材（プロフェッショナル）養成機能が明確になっており、たとえば教育関係の事務部門で指導的立場にある職員は、ほとんど博士学位（Ph. D）を取得しています。とくに専門職では、博士学位をもっていることが必要条件となっている場合も多く、相応の待遇を受けています[26]。

　もちろん、高等教育機関だけの問題ではなく、日本社会の大学院教育に対

する価値観も課題です。伝統的に続いてきた「年功序列」を廃して、能力を中心とした給与制度の実施に踏み切る企業も散見されますので、期待したいです。「社会人の学び直し（リスキリング）」が政策的に強力に推進されていますが、リスキリングによって獲得できた能力が適切に評価され、相応の待遇が受けられる文化が重要です。「○○大学院で××単位取得した。」という情報ではなく、「□□の能力を修得した。」という学修成果を判断することが必要です。

《注》

(1)　川口昭彦（2022）『DX社会の専門職大学院・大学とその質保証』専門職教育質保証シリーズ（一般社団法人専門職高等教育質保証機構編）ぎょうせい　pp. 51-58

(2)　近代初期に、新興の有力者の保護を受けて、人文主義者や自然科学者が設立したものである。サークルよりも格式があり長続きはするが、大学の学部よりは格式ばらない集団で、革新を求めるには理想的な社会形態であった。このような集団は、徐々に機関へと成長して、会員の定数制、規約、定期会合をもつようになった。

(3)　Burke, P. 著　井山弘幸、城戸淳訳（2004）『知識の社会史　知と情報はいかにして商品化したか』新曜社

(4)　中根千枝（1967）『タテ社会の人間関係：単一社会の理論』講談社現代新書

(5)　川口昭彦（2022）『DX社会の専門職大学院・大学とその質保証』専門職教育質保証シリーズ（一般社団法人専門職高等教育質保証機構編）ぎょうせい　pp. 22-37

(6)　独立行政法人大学評価・学位授与機構編著（2014）『大学評価文化の定着―日本の大学は世界で通用するか？』大学評価・学位授与機構大学評価シリーズ、ぎょうせい　pp. 164-175

(7)　ヨーロッパにおける高等教育の資格の認定に関する条約　（リスボン認証条約）で参考資料として添付することが推奨されている。個人が修了した学習の性質、水準、前後関係、内容および現状に関して説明する資料で、本来の資格に添えられるべき資料である。

⑻　ユネスコ／OECD『国境を越えて提供される高等教育の質保証に関するガイドライン』文部科学省ウェブページ　http://www.mext.go.jp/a_menu/koutou/shitu/06032412/002.htm

⑼　この節の議論は、太田浩（2008）「外国成績・資格評価（Foreign　Credential Evaluation）システムと留学生の入学審査」留学生交流　2008. 8　pp. 2-5を参考にした。

⑽　川口昭彦（2022）『DX社会の専門職大学院・大学とその質保証』専門職教育質保証シリーズ（一般社団法人専門職高等教育質保証機構編）ぎょうせい　pp. 15-21

⑾　川口昭彦、江島夏実（2021）『リカレント教育とその質保証―日本の生産性向上に貢献するサービスビジネスとしての質保証』専門職教育質保証シリーズ（一般社団法人専門職高等教育質保証機構編）ぎょうせい　pp. 16-22

⑿　国立社会保障・人口問題研究所　日本の将来推定人口（平成29年推計）http://www.ipss.go.jp/pp-zenkoku/j/zenkoku2017/pp_zenkoku2017.asp

⒀　総務省統計局（2023）人口推計（2022年（令和4年）10月1日現在）https://www.stat.go.jp/data/jinsui/2022np/index.html

⒁　総務省統計局（2020）高齢者の人口　https://www.stat.go.jp/data/topics/topi1261.html

⒂　⒁の図2を参考に著者が記述

⒃　日本経済新聞（2023）『中途採用比率、最高37%』4月20日朝刊　https://www.nikkei.com/article/DGXZQODL19BON0Z10C23A4000000/

⒄　三位一体の労働市場改革の指針（2023）https://www.cas.go.jp/jp/seisaku/atarashii_sihonsyugi/pdf/roudousijou.pdf

⒅　川口昭彦、江島夏実（2021）『リカレント教育とその質保証―日本の生産性向上に貢献するサービスビジネスとしての質保証』専門職教育質保証シリーズ（一般社団法人専門職高等教育質保証機構編）ぎょうせい　pp. 51-64

⒆　Centre for Educational Research & Innovation（1973）Recurrent Education: A Strategy for Lifelong Learning. OECD Publications. 日本語訳・教育調査／文部科学省編　第88集（1974）リカレント教育：生涯学習のための戦略

⒇　文部科学省　生涯学習の実現　https://www.mext.go.jp/b_menu/hakusho/html/hpab201901/detail/1421865.htm

㉑　文部科学省（2020）中央教育審議会大学分科会質保証システム部会基礎資料

https:／／www.mext.go.jp／kaigisiryo／content／20200702-mxt_koutou01-000008440_07.pdf p. 25を参考に著者が作成

⑵ GLOBAL NOTE（2021）「世界の大学進学率（四年制大学）国別ランキング・推移」https:／／www.globalnote.jp/post-10165.htmlを参考に著者が作成

⑵ GLOBAL　NOTE（2021）「世界の大学進学率国別ランキング・推移」https:／／www.globalnote.jp/post-1465.htmlを参考に著者が作成

⑵ GLOBAL　NOTE（2021）「世界の大学院進学率国別ランキング・推移」https:／／www.globalnote.jp/post-14176.htmlを参考に著者が作成

⑵ 独立行政法人大学評価・学位授与機構編著（2022）『危機こそマネジメント改革の好機』大学改革支援・学位授与機構大学改革マネジメントシリーズ、ぎょうせい　pp. 115-119

⑵ 独立行政法人大学評価・学位授与機構編著（2022）『危機こそマネジメント改革の好機』大学改革支援・学位授与機構大学改革マネジメントシリーズ、ぎょうせい　pp. 151-152

第2章

サービス産業への対応：製造業中心からサービス業中心へ

　国の経済は、三つの産業分野、すなわち第一次産業（農林水産業など自然界に働きかけ、作物を作ったり、採取する産業）、第二次産業（製造業、建設業、鉱業など自然界から採取した原材料を使って製品を製造・加工する産業）および第三次産業（第一次にも第二次にも当てはまらない産業で、情報通信業、金融業、運輸業、販売業、対人サービス業など非物質的な生産業・配分業）で構成されています。経済の発展にともなって、経済活動の中心が第一次産業から第二次産業、さらに第三次産業へと移行することが知られています[1]。ちなみに、日本の産業三部門別の15歳以上就業者数の割合（2015年）[2]は、第一次産業5.8%、第二次産業28.1%、第三次産業65.9%でしたが、その後も第三次産業の割合が一貫して拡大を続けて7割を超えています[3]。また、国内総生産（Gross Domestic Product, GDP）の構成比でも、第一次産業1.2%、第二次産業26.7%、第三次産業72.1%となっています[4]。

　経済の発展によって人々の生活が豊かになるにつれて、消費需要の中心は生存のために必要な食物から、衣類、自動車やテレビ等の工業製品に移行します。このような「モノ（有形財）」が行き渡ると、第三次産業の提供する各種サービス（無形財）の需要が高まります。しかも、第一次産業より、第二次産業さらに第三次産業の収益が高く、より収益の高い産業へ労働力が移動することになります。このような傾向は、アメリカ合衆国やイギリスではもっと顕著に現れており、両国とも第三次産業就業人口が8割を超えています[3]（2013年段階）。

　「サービス」という言葉は日常的によく使われます。広辞苑（第七版）によると、「①奉仕。他人のために尽力すること。②給仕。接待。③商売で値引きしたり、客の便宜を図ったりすること。④物資的生産過程以外で機能す

る労働、用役。」と説明されており、「奉仕」「無料」「値引き」という意味が強調されています。「サービス残業」という言葉は、おそらく日本でしか通用しないでしょうが、無給の時間外労働をさしています。これに対して、Oxford Dictionary of Englishによると、「service」の第一の意味は、「the action of helping or doing work for someone（他者を援助する行為あるいは他者のための仕事をする行為）」と説明されており、人間の労働や行為という側面が強調されています。

　伝統的な経済学では、市場で取引される財（商品）には物理的な財（有経財＝モノ）とそれに付随する無形の用役（無形財＝サービス）の二つがあると考えられ、社会の富（価値）を生み出すのは有形財（モノ）であり、サービスはモノに付随して販売・流通に携わるもので、それ自体では価値を産み出さないと考えられていました。しかしながら、現在では、モノとサービスの融合によって、新しい価値が創造されることが明らかになっています。たとえば、自動車産業は、車の製造だけではなく、保守・修理、金融や保険、ナビゲーションシステムやガソリンスタンドなどの関連する多様なサービスとともに市場が拡大しています。すなわち、モノとサービスとの融合によって、多くの商品やビジネス分野でモノの価値が大きく上昇しています。サービスを起点として活動を理解しようとする理論的な枠組み（Service Dominant Logic, S-D Logic）では、サービスはコラム1-8のように定義されています[5]。

コラム 1-8

サービスとは、他者あるいは自身の便益のために**自己の能力（知識とスキル）を活用する**プロセスである。

　サービス企業の価値創造は、企業側の取組だけでは実現しません。サービス価値は、企業とその周囲の多様な関係者との間の協働を基盤としています。これが、これまでのモノ中心的視点とは大きく異なる点です。かつての製造業中心の産業構造がサービス産業中心に大きく変革している中で、高等

教育におけるモノ中心主義からサービス中心主義への変革の方向性を議論します。最重要ポイントは、自分（個人あるいは組織）だけではなく他者（個人あるいは組織）との協働（共創）の必要性です。

第1節　サービス産業社会が求める人材像

　持続可能な世界の創造には、それに貢献する多様な人材の育成が重要な要因の一つとなっています。自然から得られる資源（モノ）そのものは有限ですが、その資源から新たな価値を創り出すのは、ヒトの知恵と努力に負っています。

　日本の教育制度は、大量生産時代に対応できる画一的な人材育成をめざして発展してきました。おそらく画一的な人材育成は、学生の平均的水準をあげるという志向であったと思われます。その結果、日本企業には、それぞれの組織の中で着実に職務をこなす人材は豊富でしたが、グローバル社会や組織横断的な場（ヨコ社会）で活躍できる人材は少なく、起業家精神のある人材や専門知識が豊富な人材が乏しいと言われてきました。このような状況の改善をめざして、「学修本位の教育への転換」が提唱[6]されましたが、この転換は、今まで続いてきた「知識・スキル」の修得・再生産を目的とした教育パラダイムからイノベーションや社会の変革をめざして個々の学生に自らのキャリアを切り拓く能力を涵養する学修パラダイムへの大変革（図1-5）ですから、一朝一夕には達成できるものではありません。個々の教員が担当する授業レベルから機関全体レベルに至るまでのマネジメント改革に加えて、教員と学生双方の意識改革も不可欠です。

　日本の高等教育の課題を示唆している調査結果を二件紹介しましょう。最初は、ウェブセミナー参加者（約800人）のアンケート結果[7]です（図1-6）。上位から「個性や才能を伸ばしにくい」「暗記型・詰め込み型である」「問題解決力や読解力が弱い」などが指摘されていますが、これらは中央教育審議会等でも以前から何度も指摘されてきました。「知識・スキル」を教え込む

図1-5　「提供者目線の教育」から「学修者目線の教育」への変革

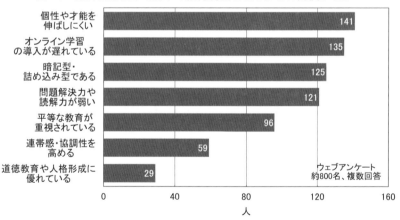

教育(Teaching)パラダイム	学修(Learning)パラダイム

教育(Teaching)パラダイム
（提供者目線の教育）
二十世紀まで

○ 効率的に早く答えを出す力【情報処理能力】
○ 同質的社会で積み上げるキャリア
○ 同一文化の中で暗黙の理解
○ 教員が何を教えるか?
○ 履修主義・単位・時間
○ インプット、プロセス中心の質保証
○ 入口管理（入学試験等）

「知識・スキル」の修得・再生産

学修(Learning)パラダイム
（学修者目線の教育）
二十一世紀

○ 知識・スキルの活用【情報編集能力】
○ 思考力、判断力、創造力、表現力、ネゴシエーション能力の養成【人間性の涵養】
○ キャリアを自ら切り拓く力
○ 異文化環境の中で多様性の許容
○ 学生が何を学び、何ができるようになるか?
○ 修得主義、職務遂行能力の養成
○ アウトカムズ（成果）中心の質保証
○ 出口管理（学修成果による卒業・修了判定）
○ 学修者自らが、学修成果を説明し、社会の理解を得る

「知恵」の修得・創生
知恵：物事の理を悟り、適切に処理する能力

図1-6　海外と比較して日本の教育制度をどのように評価するか[7]

項目	人
個性や才能を伸ばしにくい	141
オンライン学習の導入が遅れている	135
暗記型・詰め込み型である	125
問題解決力や読解力が弱い	121
平等な教育が重視されている	96
連帯感・協調性を高める	59
道徳教育や人格形成に優れている	29

ウェブアンケート
約800名、複数回答

ことを中心とした教育から学修者の思考力や創造力の養成を目的とした自主性・自律性を重視した教育への転換が、進展していないことを物語っています。「オンライン学習の導入が遅れている」に関しては、ICT活用について

は経済協力機構（OECD）最下位であり、その弱点が今回のパンデミック（新型コロナウィルス感染症）で赤裸々になってしまいました。

　これからのサービス産業社会では、多様化する環境の下で、思考力、判断力と創造力を駆使して自主的・自律的に考えて行動できる人材の育成が渇望されています。このためには、知・徳・体を一体的に備えた多様な人材の育成が不可欠です（コラム1-9）。高等教育は、二十世紀の「大量生産時代の画一的な人材育成」の残像から抜け出して、個性豊かな人材育成のためのマネジメントを模索することが喫緊の課題です。もちろん、高等教育機関だけで解決できる問題ではありません。教育機関と社会が一体となった改革（マネジメント改革や意識改革を含めて）が求められます。このための高等教育機関からの情報発信も不十分であることが、次の調査結果からも明らかです。

コラム 1-9

これからの高等教育は、「**モノシリ**」を社会に送り出すのではなく、**知・徳・体を一体的に備え、他者との協働**して、**課題に挑戦**できる人材（プロフェッショナル）を育成しなければならない。

　第二の調査結果は、社会人の学び直し（リカレント教育）に対する高等教育機関の対応に関するものです（図1-7）。「学び直し」の意識は高まっているにもかかわらず、企業の８割以上が、民間の教育訓練機関を活用しており、大学・大学院、短期大学、高等専門学校、専門学校を合計しても１割をわずかに超える程度です[8]。大学等を活用しない理由として、「大学等を活用する発想がなかった」「大学等でどのようなプログラムが提供されているかわからない」は、大学等からの情報発信の問題です。もちろん、情報発信をしていないわけではなく、情報を必要としている人々に届いていないのでしょう。情報をウェブページ等によって掲載するだけではなく、情報を求めている人々に情報を的確に届ける工夫が必要です。「他機関に比べて教育内容が実践的ではなく現在の業務に生かせない」「他機関の方が専門分野に関する最先端の技術が学べる」は、教育プログラムの問題で、社会のニーズを

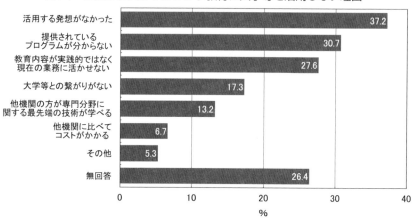

図1-7　企業の社員がリカレント教育に大学等を活用しない理由[9]

的確に把握した上での教育プログラムの作成が求められます。いずれにして
も、広報活動を含めて大学等のリスキリングに対して取り組む姿勢が問われ
ています。

　わが国の高等教育は、一般的に、高等学校を卒業して入学試験を経た比較
的同質性（年齢や学力）の高い学生を対象としてきました。しかしながら、
リスキリング（キャリア教育）志望者の今までの経験は一人ひとり異なりま
すし、キャリア・デザインも多様です（表1-8）。したがって、この多様な
ニーズに対応した教育プログラムや学修指導が必要となります。本書のテー
マである「マネジメント」は、「多様性に対応できるマネジメント」と言う
べきかもしれません。

　高等教育では、教育機関側が用意したカリキュラムにしたがって授業が進
められる形式が長く続いてきましたので、学生・教員双方にこの意識が根強
く残っています。学修者本位の教育を推進するためには、学生の自主的・自
律的に「自らデザインし、自ら学ぶ」という行動が重視され、教員はそのファ
シリテータとなる形態を考える必要があります。この教育変革には、まさ
に、企業が一方的に製品を消費者に提供していた時代（モノ中心主義、提供

表1-8　キャリア教育の目標と内容

キャリア教育	教育目標	教　育　内　容
キャリア・ゲット （career get）	就職力	学校卒業後の就職・就社を目的とした実践的な教育
キャリア・アップ （career up）	専門力	在職または転職後により高度な専門職への昇格に資する教育
キャリア・リフレッシュ （career refresh）	復職力	一定期間休職後に元の職場・職種への復職に資する再教育
キャリア・チェンジ （career change）	転職力	現在の職場・職種よりも有利な職への転職に資する教育

者目線）から企業とその周囲の多様な関係者との間の協働を基盤とする時代（サービス中心主義、消費者目線）への転換との類似性を感じます。

第2節　「減点主義による評価」から「加点評価」へ

　二十一世紀のもう一つの特色は、デジタル社会あるいは人工知能（AI）駆動社会であることです（図1-8）。二十世紀までのアナログ社会では、ヒト自身が「思考・行動の情報」や「社会的要件」を分析して「各種サービス提案」を行い、それに基づいて行動していました。二十世紀後半には、パーソナルコンピュータ、インターネット、情報通信技術などにより、自動化・情報化が進み始めました。しかしながら、情報の所有や分析はヒト主体で行われていましたから、いかにヒトが効率的に情報にアクセスし活用できるかが重要視されました。あらゆる面で基本的にはヒトによる判断（情報収集・分析・提案・操作）が求められましたので、知識や情報が共有されず、分野横断的な連携が不十分でした。ヒトの能力には限界がありますから、多量の情報の中から必要な情報を見つけて分析する作業負担や、年齢や障害などによ

る労働や行動範囲に制約があり、十分な対応が困難でした。すなわち、二十世紀は、従来のアナログ的な道具の置き換えでしかなかったわけです。ところが、デジタル社会では、AI等による分析作業や最適解のシミュレーションが可能となりますから、ヒトに求められる能力が大幅に変化します。

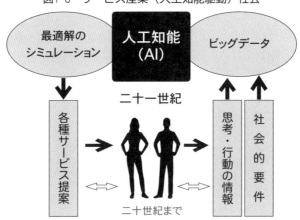

図1-8　サービス産業（人工知能駆動）社会

　オスボーンら[10]の推計結果によると、日本の労働人口の約半数（49%）が、2040年頃までには技術的にはAIやロボット等により代替できる可能性が高くなっています。この研究によると、芸術、歴史学・考古学、哲学・神学など抽象的な概念を整理・創出するための知識が要求される職業、他者との協働、他者の理解・説得（ネゴシエーション）、サービス志向性等が求められる職業は、AI等での代替は難しい傾向にあります。一方、必ずしも特別の知識・スキルが求められない職業に加え、データの分析や体系的操作が求められる職業については、AI等で代替できる可能性が高い傾向にあります。定型的業務はAIやロボットに代替が可能となります。経理、生産管理部門などの業務についても、ロボティック・プロセス・オートメーション（Robotic Process Automation, RPA）の導入によって、自動化が図られます。テレワーク等の普及によって、ヒトは、時間の有効活用が可能となり、高付

加価値の業務を行うことが可能となります。

モノのインターネット（Internet of Things, IoT）によって、人間を含めた現実世界のあらゆるモノはデータ化され、ネットワークに流入します。多量のデジタルデータ（ビッグデータ）として収集され、その結果が現実世界へフィードバックされるサイクルが産まれます（図1-8）。AIによるデータ分析の結果が、今までにない新しい価値を産み出すことになり、イノベーションの源泉にもなります。AIの分析精度向上や利活用による新しい価値の産出には、データの量だけではなく、その種類や質が重要なポイントです。多種類でかつ高品質なデータを多量に保持することが、国や組織の競争力を左右し、それらのあり方や発展にも大きな影響を与えることになります。これが、「データ主導社会」あるいは「データは二十一世紀の石油」と言われる所以です。AI駆動社会では、ヒト、モノ、情報そして環境の間で「知の好循環」が産まれることが望まれており、これに応える高等教育でなければなりません。

時代の変遷やテクノロジーの進化にともなって、知識・スキルをはじめ資格や職種のニーズは、短い周期で変化します。これからは、若い時代に修得した知識・スキルや資格が一生を保証することはあり得ません。一度得た資格等に満足するのではなく、社会の変化を察知するアンテナをもち、変化を先読みして柔軟に対応する能力が不可欠です。今取得した資格等は、最初の第一歩を踏み出すための武器にしか過ぎません。長い人生を生き抜くためには、その先のキャリアは自分自身で切り拓くという「逞しさ」を身につけさせることが、高等教育の責任です（図1-5　p. 32）。

ヒトに代わってAIが情報を集約・分析するため、いかにヒトに合わせて必要な時に、必要な形で、必要な分だけ提供できるか、ということが重要視されます。世の中の多様なニーズを読み取り、それを解決するためのビジネスを設計して、AIやデータの力を使って、それを実現することが求められます（図1-8）。このプロセスは、次のとおりです。

　①　キャリア、能力、組織、業務の内容や形態が変化し、多様化します。

②　AI活用によって、ヒトは、定型的な業務から解放されて、より付加価値の高い業務へ移行します。

③　AIが生産性の求められる業務を担うことによって、ヒトは創造性を求めることになります。

すなわち、各個人の思考力、判断力そして創造力が決め手となり、産み出された価値や成果によって評価されることになります（コラム1-10）。この際、評価も多様化して、個人が得意とする能力を個別に**加点評価**すべきです。もはや、一律の時間や年齢による評価や**減点主義**による評価の時代は終わりました。

コラム 1-10

人や組織の評価は多様化して、個人（組織）が得意とする能力を個別に**加点評価**することになる。もはや、**時間や年齢**による評価や**減点主義**による評価の時代は終わった。

　高等教育は、知識・スキルの実装ではなく、それらを利活用できる能力の開発に重心が移ります。デジタル社会（サービス産業社会）は、資源やモノではなく、知識を共有・集約することによって、さまざまな社会課題に挑戦し、それらを解決し、新たな価値を産み出す「知識集約社会（Knowledge-Integrated Society）」とも言えます。今までの高等教育は、主に知識・スキルの実装、すなわちエキスパートやスペシャリストの育成[11]が中心でしたが、これからは多様で人間力豊かなプロフェッショナル（専門職業人）の養成こそが高等教育の責務です（コラム1-11）。

コラム 1-11

> **デジタル社会（サービス産業社会）**は、**創造性、個性**そして**能動性**に富む専門職人材（**プロフェッショナル**）を渇望している。高等教育は**多様なプロフェッショナル**を育成する責務がある。
>
> **エキスパート**（expert）：ある分野で訓練・経験を積み、高度な知識やスキルをもった人
>
> **スペシャリスト**（specialist）：特定の分野について深い知識や優れたスキルをもった人
> 仕事のある一部分を担当し、仕事の正確さ、効率、件数等で評価される。
>
> **プロフェッショナル**（professional）：職業としてそれを行う人
> 仕事全体に責任を負い、仕事の生産性や成果によって評価される。

第3節　人間力豊かな専門職業人養成

「今はVUCAの世界」と言われます。VUCAは、1990年代後半にアメリカ合衆国の軍事用語として、Volatility（変動性）、Uncertainty（不確実性）、Complexity（複雑性）、Ambiguity（曖昧性）の頭文字を並べたものです。この言葉は、2010年代には一般社会にも普及し、テクノロジーの急速な進化により、不確実性や不透明性が増す不安定な状況を表現しています。二十世紀までは、客観的な正解が予測でき、それに到達するための「知の深化（一つの領域を深掘りする。）」が求められました。ところが、VUCA社会は予測困難な時代ですから、「知の深化」に加えて「知の探索（異なる領域に拡げ結びつける。）」が重要視されることになります。すなわち、タテ方向に深掘りを図るだけでは不十分で、ヨコ方向への広がりをともなう活動が不可欠となっています。このためには、分野横断的な協働を積極的に展開する人間力が重要視されます。

知識・スキルは、インターネット等の利用によって個人のニーズに応じて

多様な方法で入手することが可能です。代表的な例がMOOCs（Massive Open Online Courses）です。MOOCsは、講座を提供する大学と提携するIT企業が開発したプラットフォームを介して受講者に提供されるもので、インターネットを通じて専門的な知識・スキルを学ぶことができるシステムです。MOOCsでは、国内外の多くの大学や研究機関が提供する質の高い講義を、インターネット環境さえ整えば誰でも受講できます。情報通信技術の進歩にともなって、映像配信、受講者が講師に直接質問できる掲示板さらには双方向のやりとりを可能にするシステムも進展しています[12]。このようにインターネットを介して知識・スキルが容易に入手することが可能となったことが、高等教育の現場では、知識やスキルの上位概念として、自律性、責任感、傾聴力、論理思考など基盤的基礎力（人間力）が強調される所以です。人間力を身につけるためには、教育現場における訓練が必要です。

　ちなみに、グリフィンら[13]の「二十一世紀型技能」をはじめ、わが国でも多くの能力論が提唱されています[14-19]。これらは、表1-9のようにまとめられます[20]。ここで、批判的思考について解説します。「批判的」と言うと「物事のあら探し」をイメージするかもしれませんが、決してそうではありません。「望ましい結果を得る可能性を増大させるために、認知的な技術や方略を用いること。」と定義され、critical thinking ＝ directed thinking（目標志

表1-9　人生100年時代を生き抜くための基礎能力

・物事を自ら捉え、行動できる力：主体性/働きかけ力/実行力
・課題を提起し、解決のための自律的な思考力：課題発見力/計画力/創造力/自律性
・多様な人々とのつながりや行動を産み出す力：発信力/傾聴力/柔軟性/状況把握力/規律性/協働力/自己コントロール力
・学び続ける力：知識・情報の活用能力を高める/創造力の更新
・省察性と多様な体験・能力を統合する力：批判的思考/思慮深い実践
・自己実現や社会貢献に向けて行動する力：付加価値を高める

向的思考）とも述べられています[21]。すなわち、物事の本質を見て、適切な分析によって最適解を見つけ出す思考法であり、仮説を立てて、今までの論理を分解して、データを用いて検証し、結論を導き出す手法です。批判的思考は、技術革新や新しい価値創造のために不可欠なものです、

　次に、「コンピテンシー」について説明します。コンピテンシー（competency）は、企業などで人材の活用に用いられる手法で、高い業績・成果につながる行動特性（職務遂行能力）を意味する言葉として使われ始めました（1960年代）。二十世紀末頃から、教育分野にも「コンピテンシー」という言葉が登場するようになりました。コンピテンシーは、知識やスキルよりも上位概念と位置づけられ、課題を解決するにあたって、リテラシー（知識や情報を活用する能力）だけではなく、その課題に対して適切な行動がとれることを含みます。すなわち、コンピテンシーには、ネゴシエーション能力、専門職的能力および社会的（人間的）能力が含まれます。二十一世紀社会では、幅広い知識と柔軟な思考力に基づいて、自らのアイデンティティーを主張し、他者の理解を得るとともに協働的に成果を挙げることが求められます。したがって、ネゴシエーション能力が重要で、当然コミュニケーション能力も含まれます。

　経済協力開発機構（OECD）は、人々がもつべき知識・スキルを超える能力群であるコンピテンシーの中から、「キー・コンピテンシー」を定めました[22]。キー・コンピテンシーは、三つのカテゴリーから構成されています。第一カテゴリーは、社会・文化的、技術的ツールを相互に活用する能力（**社会との相互関係**）で、①言語、シンボル、テクストを相互的に用いる、②知識や情報を相互作用的に用いる、③技術を相互作用的に用いる等の能力が含まれます。第二カテゴリーは、社会的に異質な集団との交流能力（**他者との相互関係**）で、①他者と良好な関係をつくる、②他者と協働する、③争いを処理・解決する等の能力が含まれます。第三カテゴリーは、主体的・自律的に活動する能力（**自律性と主体性**）で、①広い展望の下で活動する、②人生計画や個人的プロジェクトを設計し、実行する、③自らの権利、利害、限界

やニーズを表明する等の能力が含まれます。そして、中核には、**省察性と思慮深さ**（深く考え、行動する）が、位置づけられます。

　ユネスコの「21世紀教育国際委員会」が、1996年に作成した報告書『学習：秘められた宝（Learning：The Treasure Within）』[23]で、教育がよって立つべき「学習の四本柱」を定義しました（表1-10）。これも上記と同様に、知識・スキルより上位概念として、他者との協働を前提とした基盤的学修能力が強調されています。

表1-10　ユネスコの学習四本柱

・**知ることを学ぶ**（learning to know）　知識の獲得の手段そのものを修得すること。いかに学ぶかを学ぶ。
・**為すことを学ぶ**（learning to do）　単に職業上のスキルや資格を修得するだけではなく、さまざまな実用的能力を身につけること。
・**（他者と）共に生きることを学ぶ**（learning to live together, learning to live with others）　他者を発見、理解し、共通目標のための共同作業に取り組むこと。多様性の価値、相互理解と平和の精神に基づいて、他者を理解し、相互依存を図る。
・**人間として生きることを学ぶ**（learning to be）　個人の人格を一層発展させ、自律心、判断力、責任感をもってことに当たることができる。

　基盤的学修能力が強調される理由は、①知識・スキルは日進月歩の時代を迎えて、長い人生を生き抜くためには、能動的に学び続け、価値観を更新し続けることが重要、②定型的業務は人工知能・ロボットが代替・支援し、多様な想像力とそれを実現する創造力が価値を産み出す時代であることです。このような能力は、高等教育における学生の自主的活動等も含む教育活動全体を通して育成されるものです。AIなどの技術革新が進展する中で、新しい技術を使う側として、基礎的で普遍的な知識・理解と汎用的なスキルをもち、それらを活用して、技術革新と価値創造の源となる知の発見・創造など新たな社会を牽引する能力が求められます。すなわち、AIではできない、

ヒトでなければできない役割を実行できる人材が必要なのです。

　ヒトの強みは、現実世界を理解し、その状況に応じた判断と意味づけをすることです。最近、コンピュータの高度化（学習量の増大、コンピュータ能力の進化など）にともなって、生成AI（Generative AI）が話題になっており、AIがヒトの能力を遥かに超えるのではないかという意見もあります。AIの本質はアルゴリズムです。少なくとも現在のAIに目的や倫理観を与えるのはヒトであり、アルゴリズムでは表現が難しい仕事や、高度な判断・発想を必要とする仕事などが、AIでは代替できません。AIとヒトとの関係を対立的に捉えるのではなく、むしろAIは、ヒトの能力を補助・拡張し、可能性を広げるために有効な道具と捉えたマネジメントが肝要です。

《注》

⑴　川口昭彦（2022）『DX社会の専門職大学院・大学とその質保証』専門職教育質保証シリーズ（一般社団法人専門職高等教育質保証機構編）ぎょうせい　pp. 11-13
⑵　産業別（3部門）15歳以上就労者数（2015）http://www.city.ichikikushikino.lg.jp/seisaku1/shise/toke/documents/201508_sangyobetsusyugyosyasu.pdf
⑶　寺本義也、中西晶（2017）『サービス経営学入門』同友館　pp. 1-7
⑷　年次推計主要計数（産業別GDP等）（2019）https://www.esri.cao.go.jp/jp/sna/data/data_list/kakuhou/files/h29/sankou/pdf/seisan_20190405.pdf
⑸　Lusch, R.F., Vargo, S.L.著　井上崇通監訳　庄司真人・田口尚史訳（2016）『サービス・ドミナント・ロジックの発想と応用』同文館出版
⑹　中央教育審議会（答申）（2018）『2040年に向けた高等教育のグランドデザイン』https://www.mext.go.jp/content/20200312-mxt_koutou01-100006282_1.pdf
⑺　日本経済新聞（2021）ウェブセミナー　シリーズ教育を考える　2021年6月9日朝刊
⑻　文部科学省（2015）社会人の大学等における学び直しの実態調査に関する調査研究　https://www.mext.go.jp/a_menu/koutou/itaku/__icsFiles/afieldfile/2016/06/02/1371459_03.pdf
⑼　⑻　p. 113を参考に著者が作成

⑽　野村総合研究所（2015）『日本の労働人口の49％が人工知能やロボット等で代替可能に』https://www.nri.com/-/media/Corporate/jp/Files/PDF/news/newsrelease/cc/2015/151202_1.pdf?la＝ja-JP&hash＝9D43263D78FC193F3DD8CDEDA602A902F9B67F0B

⑾　独立行政法人大学改革支援・学位授与機構編著（2019）『高等教育機関の矜持と質保証―多様性の中での倫理と学術的誠実性』大学改革支援・学位授与機構高等教育質保証シリーズ、ぎょうせい　p. 19

⑿　独立行政法人大学評価・学位授与機構編著（2022）『危機こそマネジメント改革の好機』大学改革支援・学位授与機構大学改革マネジメントシリーズ、ぎょうせい　pp. 91-109

⒀　Griffin, P. et al（2012）"Assessment and Teaching of 21st Century" Skills Springer, Dordrecht https://link.springer.com/book/10. 1007/978-94-007-2324-5#about

⒁　国立教育政策研究所「基礎的・汎用的能力」を構成する４つの能力と今後の実践　https://www.nier.go.jp/shido/centerhp/22career_shiryou/pdf/3-02.pdf

⒂　内閣府（2003）人間力戦略研究会『人間力戦略研究会報告書』https://www.tfu.ac.jp/students/feature/arpn890000001r3x-att/human.pdf

⒃　厚生労働省（2004）『若年者の就職能力に関する実態調査』https://www.mhlw.go.jp/houdou/2004/01/h0129-3a.html

⒄　経済産業省（2006）社会人基礎力に関する研究会『社会人基礎力に関する研究会―中間とりまとめ―』https://www.meti.go.jp/policy/kisoryoku/index.html

⒅　文部科学省（2008）中央教育審議会「学士課程教育の構築に向けて（答申）」https://www.mext.go.jp/b_menu/shingi/gijyutu/gijyutu4/siryo/attach/1247211.htm

⒆　経済産業省（2018）産業人材政策室『人生100年時代の社会人基礎力』https://www.meti.go.jp/committee/kenkyukai/sansei/jinzairyoku/jinzaizou_wg/pdf/007_06_00.pdf

⒇　⒆を参考に著者が作成

㉑　Halpern, D.F.（1996）"Thought and Knowledge: An Introduction to Critical Thinking（3rd ed）" Lawrence Erlbaum, NJ

㉒　川口昭彦（2022）『DX社会の専門職大学院・大学とその質保証』専門職教育

質保証シリーズ（一般社団法人専門職高等教育質保証機構編）ぎょうせい　pp. 49–50

⑵ UNESCO（1996）"Learning: the treasure within; report to UNESCO of the International Commission on Education for the Twenty-first Century（highlights）" https://unesdoc.unesco.org/ark:/48223/pf0000109590

第3章

学修者本位の教育マネジメントシステムの構築

　第1章および第2章で議論しましたように、デジタル社会を迎え大幅に変化する社会環境下で、高等教育に対する期待が高まっています。テクノロジーの急速かつ継続的な進化にともなって持続可能な開発目標（Sustainable Development Goals, SDGs）が強調されるとともに、グローバル化の進展や人生100年時代を迎え、社会の複雑化・個別化が進み、個人間の相互依存を深める必要性が高まっています。このような時代にあって、学生たちは卒業後も含めて常に学び続けることが肝要です。学生自身が、自らの目標を認識して主体的に学修に取り組み、その成果を自ら適切に評価した上で、新たな学びに踏み出していく自主的・自律的な学修者となることが求められています。

　このような時代の高等教育像として、中央教育審議会答申『2040年に向けた高等教育のグランドデザイン』は、「学修者本位の教育」を謳いました[1]。「学修者本位の教育」（図1-5　p. 32）の方向性は表1-11のようにまとめられます。具体的な人材像は、基礎的・普遍的な知識・理解と汎用的なスキルを活用するための人間力（思考力、判断力、創造力、表現力、ネゴシエーション能力）を身につけ、主体的、自律的に課題に挑戦・解決する人材です（コラム1-12）。

表1-11　グランドデザイン答申[1]が示す「学修者本位の教育」の方向性

・高等教育機関がその多様なミッションに基づき、学修者が「何を学び、身に付けることができるのか」を明確にし、**学修の成果を学修者が実感できる教育を行っていること**
・このための多様で柔軟な教育研究体制が各高等教育機関に準備され、このような教育が行われていることを確認できる**質の保証の在り方へ転換**されていくこと

```
コラム 1-12
```

二十一世紀社会が必要とする人材像
・基礎的・普遍的な知識・理解と汎用的なスキルをもち、
・その**知識やスキルを活用する**思考力、判断力、創造力、表現力等を身につけ、
・**ネゴシエーション能力**を駆使した他者との協働によって、
・課題克服のために、主体性・自律性をもって**責任ある行動**をとれる人材

第1節　「学生の学び」のマネジメント

　日本の近代社会では、学歴はじめ手続的で客観的な能力が求められてきました。このため、今までの高等教育は、インプットとプロセス（学生数、教員数、施設、「何を教えたか」等）中心のいわゆる「供給者目線」であり、それに対応した教育マネジメントが進められ、学生は、提供されるメニューを履修して卒業（修了）必要単位を取得していました。

　ところが、DX社会では、人間として他者を尊重し、信頼を築き、価値を創造することが求められますから、ネゴシエーション能力や独創性、問題解決力等の情動（学生の身体的・生理的、また行動上の変化）に関わる根源的な能力[2]が問われるようになります。このような視点から、「学修者本位の教育」が強調されています。学修者本位の教育とは、「供給者目線」を脱却して「個々人の可能性の最大限の伸張」に重点が置かれており、学生が必要とする資質・能力の最適化を図る「学修者目線」の教育をめざすものです（コラム1-13、図1-5　p.32）。知識・理解やスキルは、インターネット等を通じて、個人のニーズに応じて多様な方法で入手することが可能となりましたから、教育機関の現場では、それらの知識やスキルの活用をめざして自律的に責任ある行動によって社会の発展に寄与する人材の育成が最重要課題とな

ります。このため、今までの「供給者目線」時代の教学マネジメントとは異なる根本的変革が、教育機関に求められています。

コラム 1-13

「学修者本位の教育」とは、学生が、
① 自らの**将来ビジョンをもち、**
② 学修成果として身につけた**資質・能力を自覚し、**
③ それを**活用**できる。
④ 学修成果を自ら**説明**し、社会の**理解を得る**ことができる。

　わが国の高等教育マネジメントは、高等学校を卒業して入学した学習歴や能力の比較的均質な学生を中心に進められてきました（18歳中心主義）[3]。しかしながら、人生100年時代を迎え少子高齢化にともなってリスキリングの需要が高まり、個々の学生の多様な可能性をそれぞれ最大限に伸長するためには、学習歴やキャリア経験・デザインの多様な学生への対応（表1-8 p.35）を視野に入れた「学生の学び」のマネジメントが重要となっています。明確な目的がないまま「学び」を提供しても成果は期待できません。この節では、個々の学生自らのキャリア・デザインに則した「学修マネジメント」（図1-9）と教育機関による教育プログラムの「教学マネジメント」（図1-

図1-9　学生の学修マネジメント：入学から卒業・修了までの対応

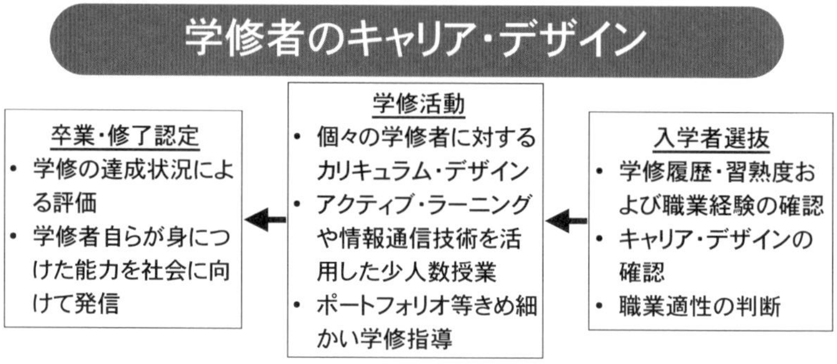

学修者のキャリア・デザイン

卒業・修了認定
・ 学修の達成状況による評価
・ 学修者自らが身につけた能力を社会に向けて発信

学修活動
・ 個々の学修者に対するカリキュラム・デザイン
・ アクティブ・ラーニングや情報通信技術を活用した少人数授業
・ ポートフォリオ等きめ細かい学修指導

入学者選抜
・ 学修履歴・習熟度および職業経験の確認
・ キャリア・デザインの確認
・ 職業適性の判断

10)とに分けて考えることとしました。もちろん両者は密接に関係しており、学生が「学修マネジメント」を行うためには、教育プログラムの「教学マネジメント」に関する情報が不可欠です[(4,5)]。

図1-10　高等教育機関の教学マネジメント

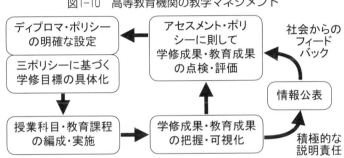

教学マネジメントを考える時、「学生の学び」の質保証（教育の質保証）は不可欠な要素です。中央教育審議会答申『我が国の高等教育の将来像』が、各機関に自主的な教育改善努力を促しました[(6)]。大学教育の質の保証については、大学設置基準等の法令や、設置認可審査、認証評価制度等の国が責任を有する質保証に関する仕組みが存在します。教育に関しては、第一義的には大学自らが質保証に取り組むことが求められます。自らの責任で諸活動について点検・評価を行い、その結果をもとに改革・改善に努めることによって、その質を自ら保証する内部質保証体制の確立が必要です（図1-10）。

学修成果・教育成果の可視化

　学修マネジメントと教学マネジメントにとっての最重要作業の一つは、学修成果（学生個人）および教育成果（教育プログラムあるいは機関全体）の情報を正確に把握し、それらを可視化することです[(7)]。学修成果・教育成果の把握・可視化については、世界的にも共通化・標準化された方法や内容が存在するわけではありません。分野によって方法・内容が異なること、従前からの取組の状況や蓄積等による差も大きいことを留意する必要がありま

す。さらに、学修成果・教育成果の把握・可視化については、①すべての学修成果・教育成果を網羅的に把握することは不可能、②把握したすべての学修成果・教育成果を必ずしも可視化できるものでもない、という二点を念頭に置いて、この作業の目的を常に意識することが重要です。可能な取組から始めて、着実に充実を図っていく姿勢が肝要です。「測定のための測定」に陥ることだけは避けなければなりません。

　学修成果・教育成果の把握・可視化の仕組みを構築し、その結果に対し学内外の理解を得ることは、相応の時間が必要かつ困難な取組です。各教育機関においては、自らの強み・特色等を踏まえて設定した教育機関（あるいは教育プログラム）全体の教育理念に則して、自主的な策定・開発を計画的に進めていくことが期待されます。

　学修成果は学修の結果もたらされる個人の変化や利益を意味し、その主体は学生個人です。この変化や利益は、能力や達成度という形で測定できます。学生が各授業で学習した成果は、成績（＝学習成果）として評価されます。それらの授業群の体系的積み上げが、一つの教育プログラムを形成しています。このプログラム修了時に修得できる成果が「学修成果」です。授業で得られるものだけではありません。正課以外の関連活動、さらに教育機関とは直接関係のないさまざまな学習活動や経験も、学生個人の成長を促す要因となります（図1-11）。学修者本位の教育の観点から、一人ひとりの学生が自らの学びの成果（学修成果）として身につけた資質・能力を自覚し、活

図1-11　学生の学修成果

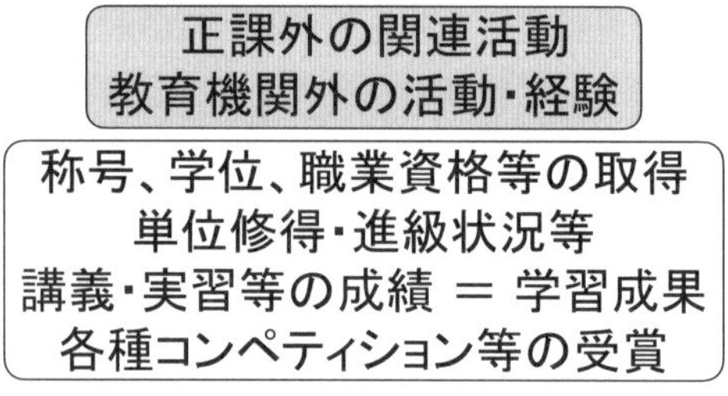

正課外の関連活動
教育機関外の活動・経験

称号、学位、職業資格等の取得
単位修得・進級状況等
講義・実習等の成績　＝　学習成果
各種コンペティション等の受賞

用できることが重要です。学生が、その学修成果を自ら説明し、社会の理解を得ることも肝要です（コラム1-13　p. 48）。残念ながら、わが国の現状（とくに多くの高等教育機関）では、学生は「卒業（修了）時の学修成果（身につけた能力)」には目を向けていません。学生の関心事は、入学試験の難易度（偏差値）、取得できる職業資格あるいは就職先＝企業名です。

　教育機関が主体となる「教育成果」は、学生個人ではなく集団を評価対象として、社会の高等教育機関（あるいは教育プログラム等）に対する評価に資することを目的とします。したがって、学生個人個人の学修成果を集積するだけではなく、卒業生・修了生の活躍状況（成果）、目標に掲げた資質・能力を備えた学生を育成できていること、教育機関の立ち位置に関する情報等も発信する必要があります(図1-12)。教育成果を測定する指標としては、それぞれ教育機関の歴史・理念・価値観等に基づいて、教育機関が独自に定める測定指標（独自指標）やプログラムごとに定める測定指標、および教育機関間の相対評価を可能とする標準・共通的指標（ベンチマーク指標）が必要です。これまで教育の世界では、独自指標に関する情報を優先し、ベンチマーク指標に関する情報に関してはマスコミ等に頼る傾向がありましたが、教育機関が社会から信頼を得るためには、基本的な指標（ベンチマーク指標も含めて）は比較・公開が原則です。

　高等教育の無償化をはじめ政策的な流れの中で、高等教育における学修成

図1-12　教育機関の教育成果

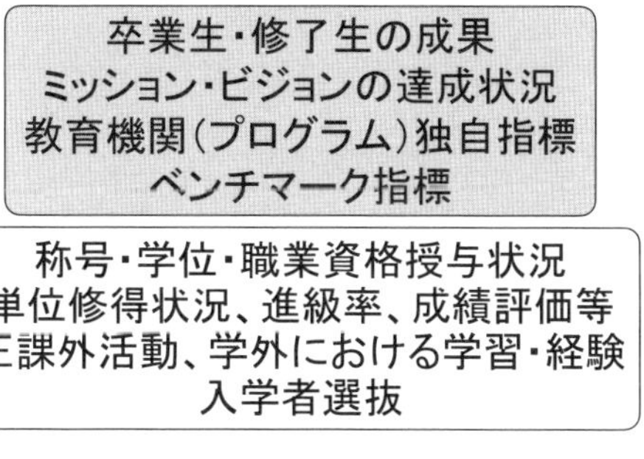

卒業生・修了生の成果
ミッション・ビジョンの達成状況
教育機関（プログラム）独自指標
ベンチマーク指標

称号・学位・職業資格授与状況
単位修得状況、進級率、成績評価等
正課外活動、学外における学習・経験
入学者選抜

果・教育成果が問われています。教育機関（教育プログラム）が独自指標とベンチマーク指標を駆使して、教育成果を自ら説明する「説明力」が、社会の信頼を獲得し、価値を取り戻すために不可欠です。このために、学修成果・教育成果の可視化が最大のテーマです。

内部質保証

　「学生の学び」の質保証を実施するための学修アセスメントツールとしては、表1-12に掲げた事項が想定されます。教育プログラムに定められている学修目標の達成状況に関して可視化された情報に基づいて、学生は自分自身が身につけた資質・能力を、複数の情報を組み合わせて多元的に理解し、説明できることが重要です。教育機関は、把握・可視化された学修成果・教育成果を、内部質保証に適切に活用して、機関全体や教育プログラム等が取り組むべき学修目標の達成に向けた既存の教育プログラムや個々の授業内容・手法の見直しをはじめ、ディプロマ・ポリシー自体の見直し等の改善にもつなげていくことが求められます。

表1-12　「学生の学び」の質保証に必要な資料・データ例

間接的証拠 ・学生を対象とした調査：成長実感・満足度調査［在学中、卒業（修了）時］ ・卒業生（修了生）を対象とした調査 ・雇用者を対象とした調査 ・外部者による評価
直接的証拠 ・各授業科目における到達目標の達成状況 ・定期試験、課題レポート、グループ・ディスカッションなど課程・コース内評価 ・資格試験、標準テスト、民間テスト業者によるテスト等の結果 ・パフォマンス（ルーブリックなど） ・ポートフォリオ ・卒業論文・卒業研究の水準 ・称号、学位や職業資格の取得状況 ・資格取得や受賞、表彰歴等の状況 ・進路の決定状況等の卒業（修了）後の状況（進学率や就職率等） ・修業年限期間内に卒業する学生の割合、留年率、中途退学率

　「学修者本位の教育」のポイントは、一人ひとりの学生が身につけた資質・能力を自覚し、活用できるようになることです。このためには、単に授業科目ごとの成績評価を学生に示すだけでは不十分です。個々の授業科目や学校内外におけるさまざまな学生の活動が、ディプロマ・ポリシーに定められた資質・能力を身につけることにどのように寄与しているかを明らかにすることが重要です。さまざまな情報を組み合わせて、ディプロマ・ポリシーに定められた学修目標の達成状況を明らかにすることが望まれます。そして、教育機関は、分かりやすい形でまとめなおした情報を、学生の在学中および卒業時に提供することが必要です。その際、ディプロマ・ポリシーに定められた資質・能力の修得状況や今後の履修の方向性等について、学生との意見交換などによって、学生に対するフィードバックを適切に行うことが求められます。学生は、それらの結果を参考にして自らの学修を振り返り、高度化を図るとともに、自らの学修成果を社会に対して示し、その活用を図ることが期待されます。

　教育機関には、個々の学生の学修目標の達成状況に加えて、表1-12に示した間接的・直接的証拠の分析に基づいて、機関全体あるいは教育プログラムごとの教育成果の質保証が求められます。その際、例示された資料・データを収集して公表するだけでは意味がありません。たとえば、「学生の成長実感・満足度」について、学生のアンケート結果を示すだけではなく、その結果を分析して、機関として、どのように考えているか？あるいは改善すべき点は何か？などについての考察が不可欠です。

第2節　インスティテューショナル・リサーチ

　高等教育機関が計画立案、政策形成、意思決定を円滑に進めるために、機関に関する情報を一元的に収集、分析することが不可欠です。この機関に関する情報の調査および分析を実施する機能あるいは部門をインスティテューショナル・リサーチ（Institutional Research, IR）とよんでいます[8]。IRは、

大学経営や教育改善をサポートする機能として、アメリカ合衆国の大学で発展してきましたが、わが国ではアメリカ合衆国の実践が紹介されている段階であり、教学マネジメントの中で十分機能している状況にはありません[9]。IRの分析対象としては、学生、教員、職員、カリキュラム、学修成果等に関するデータの収集・分析など多岐にわたっています。

　教育水準の向上を支える基盤は「経営力」です。ここでいう経営力とは、経営資源（人的資源、物的資源、資金、情報など）を獲得する力であり、これらの経営資源を有効かつ効率的に活用する力をさします。強い経営力が教育研究水準の向上を促し、高い教育研究水準が強い経営力を産み出します。高等教育機関を取り巻く環境が厳しさを増せば、経営の巧拙がより直接的に教育水準に影響を及ぼすようになります。教育水準を維持・向上させるためにも、経営力を持続的に高めていく必要があります。高等教育の質保証においても、「経営の質」が重要な要素となってきています。したがって、IRの機能として「経営」に関する情報の収集、分析も重要ですが、この節では、教学マネジメントに関係する事項に限定して議論を進めます（図1-13）。

　ディプロマ・ポリシー（卒業認定・学位授与の方針）、カリキュラム・ポリシー（教育課程編成・実施の方針）、アドミッション・ポリシー（入学者受入れの方針）の三つの方針は、すでに学校教育法施行規則に基づき、その策定および公表が大学には義務づけられています。その上で、その学修成果をプログラム共通の考え方（アセスメント・ポリシー）に則って、教育機関が自主的に点検・評価し、その結果をプログラムの改善・進化に反映させるいわゆるPDCAサイクルが持続的に回る構造（内部質保証体制）を学内に確立することが必要で、この基盤となるのがIRです。IRの機能については、第二部第3章第1節（pp. 107-113）でも議論します。

　教育の質保証の目的は、上記の「質の改善・向上」と「説明責任」の二つです。在学生や学費負担者、入学希望者、学生の雇用者等の直接的な関係者だけではなく、国際社会、地域社会、産業界等などの外部からの期待も意識しつつ、積極的な説明責任を果たすことが求められます。教育機関全体の学

図1-13　高等教育イノベーションに関わる諸機能の関係

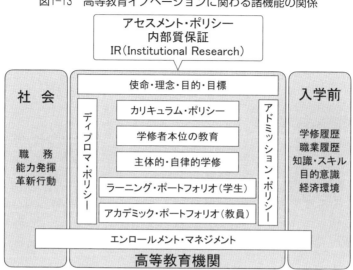

修成果や教学に係る取組状況等の教育の質に関する情報を公表して、それに対する社会の反応を分析することもIRの重要な機能の一つです。

　個々の学生の学修目標を重視する「学修者本位の教育」が強調されるとともに、「組織としての教育力」が問われます。「教育力」は、今までは教育パラダイム（図1-5　p. 32）の中で、授業内容や方法中心の議論になっていました。これからの「教育力」は、激動する社会で活躍する人材に求められる能力をいかに養成するかを考えなければなりません。したがって、IRは、可視化された学修成果・教育成果を分析するとともに、公表された学修成果・教育成果に対する社会の反応を分析して、さらなる教育改善につなげることです。

　従来の高等教育機関では、学部・学科等の教員組織が運営の中心でしたが、この「供給者目線」を脱却して、学位、称号、職業資格を授与する課程（教育プログラム）を中心とした学修者に自律的な学修を促す教育（学修者目線の教育）への根本的な変革が求められています（コラム1-14）。この変

革をめざしたIRの活動は非常に重要です。たとえば、科目履修や時間割の作成等についても、機関側が提示したメニューからの学生の選択に依存する傾向がありましたが、学修者本位の教育という観点からは、学生の意欲や積極性を引き出し、密度の濃い主体的な学修を促進するためのマネジメントと学生指導が不可欠です。

コラム 1-14

教員組織としての学部・学科等を運営の中心とした**供給者目線**を脱却して、学位、称号、職業資格を授与する課程（教育プログラム）を中心とした**学修者目線**への変革が求められている。

第3節　学生と教員双方の意識変革

　日本の高等教育には、「教員は知識・スキルを教える役割を行い、学生はそれを真面目に伝承すべきである。」という考え方が根強く残っています。しかしながら、学修者は教員の一方的に情報を継承するという学修形態から、学修者が主体性をもって能動的に学修する形態への変革が求められています。保護者（現在の教員も含めて）世代の高等教育は、必修科目の他に選択科目を選び、レポートや試験によって単位を取得して卒業するというのが一般的な姿だったでしょう。しかしながら、今や、一人ひとりの学生が「何を学び、何を身につけるか？」を自律的に考えることが重要です。『教学マネジメント指針』[4]の冒頭に「学生自身が目標を明確に意識しつつ主体的に学修に取り組むこと、その成果を自ら適切に評価し、さらに必要な学びに踏み出していく自律的な学修者となることが求められている。」と謳われているように、学修者自身の主体的かつ自律的な活動が強調されるとともに、学生には学修者としての責任と自覚を求めています。教員には、知識・スキルの実装のみではなく、学生に主体性と自律性を自覚させる責任があります。すなわち、学生と教員双方の意識改革が求められています。もちろん、社会

コラム 1-15

① 　**入学時の偏差値**による評価から脱却して、**在学中の学修成果を評価
する文化**の展開が、日本の**高等教育の信頼回復**の鍵である。
② 　高等教育で「**何を教えるか**」「どのような**資格が修得**できるか」に
思考が集中し、「**どのような能力を具備した学生を育てるか**」という
ビジョンの欠如が、わが国の高等教育の低落に繋がっている。

の信頼も重要な要素です（コラム1-15）。

　高等教育機関が多様性と流動性を確保するためには、高等学校を卒業した
直後の学生のみならず社会人など多様な学生を受け入れる体質改善（図1-14）
が不可欠であり、時代の変化に即応したプログラム編成や授業方法の改善等
が肝要です。社会の動向や多様性・流動性に対応できる柔軟なマネジメント
が重要であり、このマネジメントを実行していくためのマネジメント・ディ
ベロップメントが必要です。

　学修者本位の教育を実現する上で、重要な概念およびシステム・仕組み

図1-14　多様な学生を受け入れる高等教育

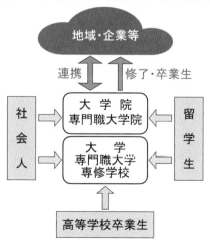

が、アクティブ・ラーニングとラーニング・ポートフォリオです。しかし残念ながら、学修者本位の教育への転換が自然発生的に起こり、アクティブ・ラーニングとラーニング・ポートフォリオに関する知識の獲得が進展するとは思えません。当然のことながら、これらを有効活用するためのマネジメントが不可欠です。ファカルティ・ディベロップメント（FD）やスタッフ・ディベロップメント（SD）を含めた概念として、マネジメント・ディベロップメントが提案されています。

アクティブ・ラーニング

　アクティブ・ラーニングとは、教員による一方向的な講義形式の教育とは異なり、学修者が能動的な学修へ参加する双方向・多方向の学習法の総称で、単に知識・スキルを獲得するだけでなく、問題発見や解決、他者との協働など、学生に主体性、自律性や自覚を認識させる学習のあり方として、教授者本位から学修者本位の教育への変革と位置づけられます。学生自身が主体的かつ自律的な学びを進めていく上で、アクティブ・ラーニングが授業をデザインする際の根幹となります。アクティブ・ラーニングは、「能動的な学習」と日本語訳されていますが、特定の方法があるわけではなく、学生の特性や学習内容によって方法や内容は多様です[10]。問題解決学習、体験学習、調査学習等のほか、グループ・ディスカッション、ディベート、グループ・ワーク等も有効なアクティブ・ラーニングです。グループ・ワークなど協同学習についても、オンライン技術の進歩によって、対面授業と同じような質の高い学習機会の提供が可能になっています[10]。

　アクティブ・ラーニングを取り入れた授業によって、教育の質が高まるという複数の調査結果が報告されています。物理学の大規模授業について、一方向の講義型の授業とアクティブ・ラーニングを取り入れた授業を比較したところ、出席率はアクティブ・ラーニングを取り入れた授業の方が高く、学生の成績も個別指導に相当するレベルにまで達していました[11]。多くの理学系科目（生物学、化学、物理学等ほとんどすべての分野の授業）について、

アクティブ・ラーニングの効果を検証する研究結果では、アクティブ・ラーニングを取り入れた授業の方が、一方向の講義型の授業と比較して、学習効果の高いこと、単位を落とす割合の減少が明らかになっています[12]。このような直接的な学習効果だけでなく、協同学習を授業に取り入れることによって、対人関係を改善し、自尊心を高めることが明らかになっています[13]。

　大学教育にアクティブ・ラーニングの導入が提案[14]されて10年以上が経過しましたが、「アクティブ・ラーニング」の形式的（あるいは組織的）な活動にとどまって、「学び」にはつながっていないのが現状ではないでしょうか。あるいは一部の教員の取組にとどまり、教員個人レベルの取組が組織全体には広がっていないのが現状でしょう。小中学校の新学習指導要領[15]は、「アクティブ・ラーニング」という言葉を使っていないものの、「主体的・対話的で深い学び」という表現で、小中学校でもその取組に向けた授業改善を求めています（2017年に公示）。高等学校の新学習指導要領（2022年4月から年次進行の形で実施）は、①自らの生き方を選択できる力を育むための生徒主体の教育課程（何ができるようになるか）、②社会と連携・協働しながら、未来の創り手となるための資質・能力を育む（社会に開かれた教育課程）の二点を掲げています[16]。この基盤となるのがアクティブ・ラーニングで、この新学習指導要領で教育を受けた学生が数年後には高等教育に入学してくるわけですから、これを念頭に置いた変革が不可欠となります（コラム1-16）。

コラム 1-16

DX社会は、創造性、個性そして能動性に富む人材（プロフェッショナル）を渇望している。
知識・スキルを習得するだけの「浅い学び」ではなく、知識・スキルを分野横断的に活用できる「深い学び（**質の高い学び**）」の実現のためには、「**個別最適な学び**」と「**協働的な学び**」の**一体的マネジメント**が不可欠である。

ラーニング・ポートフォリオ

　「個別最適な学び」（学修者本位の教育）の推進にとって重要なツールの一つが、学修者自身の作成するラーニング・ポートフォリオ（以下本節では、「ポートフォリオ」と略します。）です（コラム1-17）。これは、学生の自律的「省察性」を育むための最適のツールです。学生が、自らの学修過程や学修成果（たとえば、学修目標・学修計画表と達成状況、課題達成のために収集した資料や遂行状況、レポート、学習成績、単位取得表等）を長期にわたって収集したものです。これらを必要に応じて系統的に選択し、学修過程を含めて達成度を評価して、次に取り組むべき課題を発見してステップアップに結びつけるための**自律的な学修**の促進・支援を目的としています。

コラム 1-17

ラーニング・ポートフォリオとは、

・学生が、**学修過程**および**各種の学修成果**（たとえば、学修目標・学修計画表とチェックシート、課題達成のために収集した資料や遂行状況、レポート、成績単位取得表など）を長期にわたって**収集・記録**したもの。

・**学修到達度を自ら評価し、次に取り組むべき課題をみつけてステップアップを図る**ことができる。このような**学生自身の自己省察**を促すことにより、**自律的な学修を深化させる**ことを目的とする。

・従来の到達度評価では測定できない**個人能力の質的評価**を行うことが意図されているとともに、教員や教育機関が、**組織としての教育成果を評価する**場合にも利用できる。

　ポートフォリオは、学生にとっては、自ら学修を振り返ることによって、到達目標に向けての取り組むべき課題を見出し、キャリア形成に向けて踏み出していくために作成するものです。他方、教員にとっては、学生に対する個別指導を可能とし、総括的評価だけでなく形成的評価のプラットフォームとして機能させることができます[17]。組織にとっては、ポートフォリオの情報を集約し一元的に分析することでインスティテューショナル・リサーチ

（IR）情報として活用でき、ディプロマ・ポリシーが達成されるようカリキュラム・ポリシーに則った教育が行われているのかどうかの判断材料を提供します。ポートフォリオに期待される効果や活用上の問題点等の詳細については前書[18]をご参照ください。

教員による批判的省察

　日本の高等教育が知識偏重の授業から抜け出せていない状況にあることは、すでに何度も言及しました。学修者本位の教育では、主語が学修者になっていますが、教員の主体性が必要ないということでは決してありません。「教員による指導」ではなく、「学修者自身による学び」の方向性を強調することによって、変革を促しているのです。学修者と教員それぞれ「学び」と「授業」の改善努力が、「主体的、自律的学修」の実現につながり、これによって、DX社会の求める資質・能力を備えた人材が育成されます。授業改善のためには、教員自身の批判的省察（Critical ReflectionあるいはDirected Reflection）が必要です。これは、批判的思考（p. 40）で説明しましたように、「望ましい結果を得る可能性を増大させるために、認知的な技術や方略を用いる省察」なのです。具体的な内容は、コラム1-18に示します。すなわち、常に社会の進展に即して、教育目標の達成状況や社会が求める資質・能力の養成状況を確認することです。

コラム 1-18

教員の批判的省察
① **組織の教育目標**や**育成しようとしている人材像**を常に意識しつつ教育を実践しているか？
② **社会の動向**や**知識・スキルの進展**に即した教育を実践しているか？
③ **学修者および関係者**の反応を反映した教育を実践しているか？

　教員の役割が、情報技術の進歩にともなって、大幅に変化しています[19]。かつては、教員が一方的に知識を教えていました（図1-15左図）。教員の知

識や経験が一方的に伝達され、学生の情報源は教員であり、学生同士の相互
作用はほとんどありませんでした。それが、アクティブ・ラーニング等に
よって、教員と学生あるいは学生同士の対話や協働が行われるようにはなり
ましたが、教員を介して知識が学生に伝達される流れは変わっていません
（図1-15中央図）。教員は、情報の伝達者であるとともにゲートキーパーと
しての役割をもっており、学生と教員の相互作用はありましたが、学生同士
の相互作用は二次的のものでした。DX時代になると、このような状況が大
きく変化します。情報技術の進歩にともなって、学生が知識に自由にアクセ
スすることができる環境（たとえば、MOOCsのような知識データベース、
p. 40）が整いますから、学生は自分の意思で学び、他者との対話を繰り返
しながら、自分のペースで学修を進めることが可能となります（図1-15右
図）。ここでは、情報伝達者としての教員は姿を消し、学生と教員が、知識
データベースを取り囲むことになります。そして、学生同士、学生と教員間
の相互作用が産まれます。このような状況下では、教員の役割は、学修環境
の整備および学生がもつ知識の概念化や構造化を進めるためのファシリテー
ター（あるいはサポーター）となります。

図1-15　学生と教員の相互作用の変化[19]

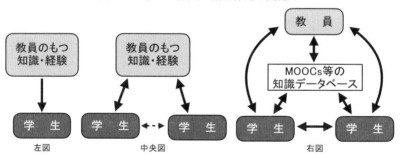

左図　　　　　　　中央図　　　　　　　右図

新型コロナウィルス感染症の影響でオンライン授業が実施されましたが、
オンライン授業のメリットが明らかになっています。全国大学教員調査[20]に
よると、「教室に行かなくても授業ができる。」というメリットは当然です

が、授業の進め方や内容そのものについてのメリットが挙げられています。たとえば、「学生が教材を事前に見ることを前提にして、授業ができる。」「一回一回の授業について、内容、到達目標を意識する。」「授業の内容・方法の透明性が増した。」と答えている教員が7割程度、「学生からの質問、コメントが多くなった。」と答えている教員も半数以上に達しています。これらの意見からは、授業が教員の一方的な講義だけではなく、それに対応した学生の学習、課題によるその確認などの「学修本位の教育」に向けた「構造化」が期待できます。

《注》
(1)　中央教育審議会（2018）『2040年に向けた高等教育のグランドデザイン』（答申）
(2)　本田由紀（2020）『教育は何を評価してきたのか』岩波新書
(3)　独立行政法人大学評価・学位授与機構編著（2022）『危機こそマネジメント改革の好機』大学改革支援・学位授与機構大学改革マネジメントシリーズ、ぎょうせい　pp. 32-36
(4)　中央教育審議会大学分科会（2020）『教学マネジメント指針』https://www.mext.go.jp/content/20200206-mxt_daigakuc03-000004749_001r.pdf
(5)　中央教育審議会大学分科会（2023）『教学マネジメント指針（追補）』https://www.mext.go.jp/content/20230228-mxt_daigakuc01-000004749_1.pdf
(6)　中央教育審議会（2005）『我が国の高等教育の将来像』（答申）https://www.mext.go.jp/b_menu/shingi/chukyo/chukyo0/toushin/05013101.htm
(7)　川口昭彦（2022）『DX社会の専門職大学院・大学とその質保証』専門職教育質保証シリーズ（一般社団法人専門職高等教育質保証機構編）ぎょうせい　pp. 132-137
(8)　独立行政法人大学評価・学位授与機構編著（2008）『大学評価文化の展開―評価の戦略的活用をめざして』大学評価・学位授与機構大学評価シリーズ、ぎょうせい　pp. 17-21. 独立行政法人大学評価・学位授与機構編著（2010）『大学評価文化の定着―日本の大学教育は国際競争に勝てるか?』大学評価・学位授与機構大学評価シリーズ、ぎょうせい　pp. 104-110
(9)　平成24-25年度文部科学省大学改革推進委託事業（2014）大学におけるIR（イ

ンスティテューショナル・リサーチ）の現状と在り方に関する調査研究報告書　https://www.mext.go.jp/a_menu/koutou/itaku/__icsFiles/afieldfile/2014/06/10/1347631_01.pdf

⑽　川口昭彦（2022）『DX社会の専門職大学院・大学とその質保証』専門職教育質保証シリーズ（一般社団法人専門職高等教育質保証機構編）ぎょうせい　pp. 155-159

⑾　Deslauriers, L., et al（2011）Improved learning in a large-enrollment physics class. *Science* 332（6031）862-864

⑿　Freeman, S., et al（2014）Active learning increases student performance in science, engineering, and mathematics. *Proceedings of the National Academy of Sciences* 111（23）8410-8415

⒀　Prince, M.（2004）Does active learning work? A review of the research. *Journal of Engineering Education* 93（3）223-231

⒁　中央教育審議会（2012）『新たな未来を築くための大学教育の質的転換に向けて〜生涯学び続け、主体的に考える力を育成する大学へ〜（答申）』　https://www.mext.go.jp/component/b_menu/shingi/toushin/__icsFiles/afieldfile/2012/10/04/1325048_1.pdf p. 9

⒂　文部科学省初等中等教育局（2017）『学習指導要領について』https://www.mext.go.jp/b_menu/shingi/chukyo/chukyo3/004/siryo/__icsFiles/afieldfile/2017/08/22/1389010_3_1.pdf

⒃　文部科学省（2018）『新高等学校学習指導要領について』https://www.mext.go.jp/a_menu/shotou/new-cs/__icsFiles/afieldfile/2018/09/14/1408677_1.pdf

⒄　リンダ・サスキー著　齋藤聖子訳（2015）『学生の学びを測る　アセスメント・ガイドブック』高等教育シリーズ170　玉川大学出版部

⒅　川口昭彦（2022）『DX社会の専門職大学院・大学とその質保証』専門職教育質保証シリーズ（一般社団法人専門職高等教育質保証機構編）ぎょうせい　pp. 96-101

⒆　Branson, R.K.（1990）Issues in the Design of Schooling: Changing the Paradigm. *Educational Technology* 30（4）7-10　を参考にして著者が記述・作図

⒇　金子元久（2021）『コロナ後の大学教育　大学教員の経験と意見』（東京大学大学院教育学研究科　大学経営・政策研究センター）https://ump.p.u-tokyo.ac.jp/pdf/2021/コロナ禍後の大学教育.pdf p. 24

第二部
大学間競争のすすめ

　高等教育機関の中で大学等（大学院、大学、専門職大学院、専門職大学）の使命は、教育研究によって社会に貢献することです。この概念は、十九世紀初頭にプロイセンの教育長官であったヴィルヘルム・フォン・フンボルトが提唱したもので、「フンボルト理念」とよばれています。この理念に基づいて、国家の支援を受けながら人材育成と研究開発の両面で社会に貢献する教育機関が誕生し、今や国民国家の知的資源の供給源となっています。国家予算に財務基盤を求める一方で、権力構造の外にある「真理探求の空間」が不可欠であるという認識から、時の支配者から解放された自由の必要性が強調されました。すなわち、教育研究の使命を果たすには自由が必要で、自由のないところに、次世代に向けた創造的な教育研究は期待できません。このような理由から、学問の自由は重要視され、憲法でも保証されています。そして、学問の自由を保証するのが「大学の自治（自律性）」です。

　フンボルトは、「国家は大学に介入すべきではない。それは学問研究にとって有害である。」と言っています。この言葉が、大学に対する国家統制に対して、大学側が防御するために、しばしば引用されますが、学問の自由を侵すのは、国家ばかりでなく、大学自身が学問の自由を侵す危険性を孕んでいることを、フンボルトは見抜いていました。すなわち、彼は「大学がいったんでき上がると、ある特定の考え方に執着して、それ以外の考え方をもつ者が入ってくることを妨げる傾向がある。」と言っています。

　決して忘れてはいけないのは、学問の自由には「社会に貢献する。」という条件がついていることです。閉鎖的な仲間内の独善に陥ることなく、最終的には社会の役に立つ保証が求められます。大学の自治は、大学に勤める教職員だけのものでもなく、また学生だけのものでもありません。ステークホルダー（利害関係者）の期待を実現し、新しい社会の構築に貢献するためにあるものです。

　第二部では、上記の問題に大学統御という考えからアプローチし、解決策としての競争の可能性を探ります。また、その中での大学マネジメントのあり方を考えます。

第 1 章

高等教育の時代転換の認識

　社会の科学に対する認識が、大きく変化し始めたきっかけは、ケネディ大
統領の就任演説[1]と、それに続くアポロ計画[2]（1961-1972）でしょう（表2-
1）。アポロ計画には、巨額の予算（250億ドル）が投入され、2万以上の企
業や大学が参加しました。このアポロ計画は、宇宙開発関係のみならず、多
くの分野で、それまで実現したことのない規模の科学技術面での躍進的進歩
をもたらしました。この頃から大学と社会の関係が変わり、科学的知識が一
般社会に深く浸透しました。これにともなって、科学者は、科学が影響した
結果として社会で起こっていることに対して、基本的な責任をもつ必要が出
てきました（コラム2-1）。すなわち、教育機関に「自治」の権利が与えられ
ている以上、結果に責任をもつという当然の解釈に収束したわけです[3]。

表2-1　ケネディ大統領の就任演説[1]（抜粋）とアポロ計画[2]

・就任演説（抜粋）「科学の恐怖ではなく、科学の素晴らしさを呼び覚ま
　すために、互いに力を合わせ、宇宙を探査し、砂漠を征服し、病気を根
　絶し、深海を開発し、芸術や商業を奨励しよう。」
・アポロ計画（1961-1972）には、巨額の予算（250億ドル）が投入され、
　2万以上の企業や大学が参加した。

コラム 2-1

科学者の社会的責任
意図するしないにかかわらず、科学者は、**科学が影響して起こっている**
ことに対して**基本的な責任**をもつ必要がある。

　二十一世紀の知識や技術は日進月歩の進化を続け、産業はじめ社会全体の高度化が急速に進んでいます。新しい産業・職業が次々と生まれる一方で、今ある職業の多くが、近い将来、新しい職業に入れ替わることを想定しなければなりません[4]。多くの仕事がコンピュータに置き換えられ、ヒトが担う仕事の領域も変貌します[5]。さらに、あらゆる面で熾烈な競争が繰り広げられます。高等教育機関も、このような競争社会と無縁でいることはできません。競争社会を乗り越えて、数十年先の社会に貢献する若者の育成が高等教育の責務です。

　この章の議論の前提として、まず、大学を取りまく環境の変化とそれが大学に及ぼす影響を分析します（第1節）。

第1節　節目としての2000年

　日本の高等教育は、第二次世界大戦後、急速に量的拡大しました。教育機関数や学生数はうなぎ上りに増加し、進学率も上昇しましたから、高等教育の大衆化が進みました。量的拡大が一定程度進むと、質的な変化を引き起こします。二十世紀末には、社会の期待や要請に応じるために、各教育機関は新たなミッションに取り組みました。それ以前は、大学に対する「象牙の塔」の言葉が象徴するように、「大学は世間とは異なる、隔絶された特殊な世界」という考えが根づいていました。営利に汲々とする世間を横目に、真理の追究など脱俗的な活動にいそしむ世界でした。

　大学を特殊視する見方は、世間的通念だけに限りません。高等教育論の研究者たちも、表2-2のように記述しています[6]。大変手厳しい評言ですが、いずれも組織社会学の学説史にも記述されている概念です。すなわち、大学は、いささか世間離れした、しかし偉い教授たちが、それぞれ思い思いの研究をする場であり、それでよいのだと考えられていました。

表2-2　高等教育論の研究者たちの大学論[6]

- 大学は、その独特の目的や構造から、企業や官庁などとは異なる**非合理的**な組織である。
- 大学は「学者の共和国」であり、「ゆるやかな結合」による「組織化された無政府状態」にあり、無秩序な「ゴミ箱的」意思決定をしている組織である。

　ところが、このような状況が二十世紀末には大きく変化しました。多くの先進国で、社会全体の変革とともに高等教育の大衆化が決定的な段階に達し、高等教育の社会における役割が大幅に変化しました。第二次世界大戦以降、高等教育への進学が増加するのは国際的趨勢で、進学率は多くの国で50％を越えました。トロウ（アメリカ合衆国の社会学者）の高等教育発展過程モデル（表2-3）によれば、高等教育は「ユニバーサル段階」に到達しています[7]。ちなみに、日本は1970年代末にこの段階に達しました（図2-1）。2021年の高等教育への進学率（18歳人口に対する割合）は83.8％で、その内訳は、大学54.9％、短期大学4.0％、高等専門学校４年次在学生0.9％、専門学校24.0％でした。

表2-3　トロウが提唱した高等教育の発展過程に伴う変化

段　　　階	エリート型	マス型	ユニバーサル型
機　　　会	少数者の特権	相対的多数者の権利	万人の義務
目　的　観	人間形成・社会化	知識・技能の伝達	新しい広い経験の提供
主要機能	エリート・支配階級の精神や性格の形成	専門分化したエリート養成＋社会の指導者層の育成	知識社会に適応しうる国民の育成（21世紀型市民）

主な教育方法・手段	個人指導・師弟関係重視のチューター制・ゼミナール制	非個別的な多人数講義＋補助的ゼミ、パートタイム型コースなど	通信・TV・コンピュータ・教育機器等の活用（遠隔授業、MOOCsなど）
教育機関の特色	同質性（共通の高い水準をもった大学と専門化した専門学校）	多様性（多様なレベルの水準をもつ教育機関、総合制教育機関の増加）	極度に多様性（共通の一定水準の喪失、「標準」そのものの考え方が疑問視）
社会と大学の境界	明確な区分閉じられた大学	相対的に希薄化開かれた大学	境界区分の消滅大学と社会との一体化

Trow, M.の文献[7]を参考に筆者が作成

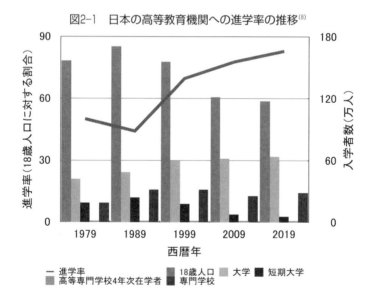

図2-1　日本の高等教育機関への進学率の推移[8]

第二次世界大戦前のわが国の大学進学率は10％以下でしたから、一握りのエリートが大学に進学していました。このような時代では、大学で何が教え

られ、何が研究されているかについては、大多数の一般人にとっては、ほとんど関心のないことでした。しかし、今や大学は若者の半数以上が学ぶ場となりましたから、どのような内容の、どの程度の水準の教育が行われているのか、あるいは卒業後に学生に有利な職業上のチャンスが期待できるのか等、大学教育は一般人にも関わりあるものになりました。換言すれば、**高等教育と社会の一体化**がキーワードになりました。

　一般人にとって大学との関わりは、金銭面でも深まりました。私立大学が多い日本では、学費の形で経済的負担を直接蒙る学生とその家族は多数にのぼります。さらに、大学に多額の資金が国家予算から直接的あるいは間接的に投入されています。国立大学や公立大学は、国や自治体からの交付金などで運営されています。私立大学も公的資金と無縁ではありません。私立大学にも政府から助成金が支給されていますし、個別の研究プロジェクトにも省庁などからの補助金があります。学生に支給される奨学金なども、大学に対する間接的な公的補助と言えます。このように名目は多種多様ですが、大学にはかなりの額の公的資金が投下されています。これら公的資金は、元をたどればいずれも税金ですから、多数の国民にとっては、自分たちが払った税金の大学における活用状況に無関心ではいられないでしょう。

　ユニバーサル段階に入って、高等教育と社会とのつながりが深くなるとともに、高等学校新規卒業者の80％以上が高等教育に進学しますから、エリート段階と比較して、学生の学習歴やニーズ（教育に期待するものや目的観など）が極端に多様になっています。さらに、知識や技術の日進月歩の進化が、高等教育の内容・方法にも多様化を求めています（表2-3）。説明責任（アカウンタビリティー）についても、多様なステークホルダーを想定した対応が不可欠となります。

　教育面では、高度専門人材の需要増加が指摘できます。先進国では、いわゆる知識基盤社会を迎え、ハイテク部門を中心に高度専門人材への需要が高まっています。代表的な例はデータサイエンス分野の人材ですが、この分野に限らず、複雑化する現代の社会と世界の課題に対処するために、種々の分

野で専門家（プロフェッショナル）が求められています。すなわち、人材需要は拡大するとともに、高度化しています。人材育成に責任をもつ高等教育への期待も、それに照応して拡大し、高度化しています。

　研究については、イノベーションの牽引役としての大学の役割が期待されています。イノベーションは、大学だけでなく、公的な研究機関や民間企業でも行われます。しかし、大学が中心的な役割を果たさなければならないことは疑問の余地はありません。二十一世紀においては、一国の経済・社会の先行きは、先端的な科学技術で世界をリードできるか否かに大きく依存しています。半導体、人工知能（AI）、水素エネルギー、IPS細胞などのキーワードを考えるだけでもそれは明らかです。わが国の研究力の危機をめぐる議論が高まっていますが、「日本が科学技術の国際競争で落伍するのではないか？」という危機感が根底にあります。

　このように高まった教育研究への期待を全うする上で重要な要因となるのが人材です。優秀な学生や研究者の確保が問われます。優れた学生や研究者のいる大学は、大学としての名声も高まります。グローバル社会ですから、人材確保の努力は、国内にとどまらず、広く海外にも及ぶのは必然の流れです。留学生の受け入れ、国外からの研究者の募集・招聘、さらには海外の大学や研究機関との協力・提携なども重要になっています。

　現代の大学には、教育と研究という従来からの活動領域以外の活動にも期待が寄せられています。このように新たな使命は、一括して「第三の使命」とよばれます。たとえば、人生100年時代では、職業生活の長期化を反映して、リスキリングへの需要が増加します。大学が立地する地域への貢献も欠かせません。周辺地域の住民の文化的欲求への対応、地域経済の振興や地場産業の技術開発に対する協力など、大学に寄せられる期待は多種多様な領域に広がっています。

　大学の社会的使命が拡大・多様化するにつれて、大学に利害関心をもつ人々や集団、すなわちステークホルダーも多様化し、かつ増加しています。キャンパスで学ぶ学生とその保護者を始めとして、将来の雇用主としての企

業・団体、卒業（修了）生、大学の創出する技術と関係する産業界、高等教育政策で接点のある政府、地域の文化的中心、経済的ファクターとしての大学の役割に期待する地域社会などが挙げられます。そして留意すべきことは、ステークホルダーごとに利害関心が相異なることです。

　かつての大学は自らを、知への奉仕を旨とする一種の文化的機関と捉えていました。今日ではそれらに加えて、多様な社会的要請を満たす公的サービス機関としての性格が強まったことを構成員は十分認識して、それに対応するマネジメントを行う必要があります（コラム2-2）。社会の急速な進化とともに、高等教育は新たな時代に入ったという時代認識が重要です。昔の大学のあり方を万古不易の理想と考え「古き良き時代」に戻ることは、許されません。

コラム 2-2

高等教育関係者の**時代認識**の変革
・高等教育の役割の変化は、現代社会全体のうねりを反映したものである。
・「高等教育は新たな時代に入ったのだ！！」という時代認識が不可欠である。
・「高等教育と社会の一体化」が重要なテーマである。

第2節　高等教育のアクター化・合理的組織化

　ユニバーサル段階では、高等教育の果たすべき使命が非常に多様になり、新たな時代に突入していることを前節で解説しました。この使命の多様化に対応するためには、それらに対応できるマネジメントが不可欠です。具体的には、高等教育機関の組織や行動の変革が求められます。この変革とは、今までより一層、アクター（行為主体）として一体性をもつことであり、その前提として、合理的な組織としての性格を強めることです。

　伝統的な大学は、基本的に教授自治の原則で運営されてきました。教授たちは学問の自由の原則の下で広汎な自由を享受し、自らが主宰する講座を足場に自立していました。彼らに命令する上司などいません。学長や学部長などの職務はありますが、大多数は輪番制で教授たちの間から互選されるポストです。実際、学長や学部長の仕事は、書類に判をつく、行事で挨拶するなど形式的なものが多かったのです。

　学部や大学の運営は、教授たちの合議に基づいて行われてきました。その主たる場となるのが学部では教授会、全学では評議会です。参加する教授たちは、権限面では互いに同等で、それぞれが講座という自分の領分を守ろうとしました。結果的に、互いに相手の領分には口出ししない相互不可侵の黙契が生まれ、誰にも障りのない、いわゆる最大公約数的な決定に終始していました。このように、大学は講座の単なる寄せ集めで、一体性が乏しい組織でした。最近まで、これが大学に適した組織のあり方であると考えられていました。教授たちは各自の知的関心に沿って思い思いに研究を進めました。学生は数も少なく、しかも多くがエリート層出身ということで均質的でしたから、講座ごとに専門知識の伝承を中心とした運営が行われてきました。

　ところが、大学は上述のように社会的サービス機関としての性格をあわせもつことが求められるようになりました。大学に対する社会的要請が質量両面で強まり、かつ多額な公的資金が投入されるようになりました。講座の寄合所帯という従来からの体制では、対処できなくなりました。

　決定的な点は、多様なステークホルダーに対して説明責任を果たさなければならないことです。かつては、研究論文を着実に発表し、しかるべき能力を備えた学生の育成によって説明責任は果されていたのかもしれません。しかしながら今や、期待された使命が果されているのか、提供された公的資金が適正かつ効果的に使用されているのかに世の中は関心をもっています。これらの関心に大学は応えなければなりません。「大学のことは、俺たち大学人に任しておいてくれ。」はもはや通用しません。昔であれば、大学教授といえば、学識から発する威厳によって、それだけで信頼されていたかもし

れません。しかし、大衆化された今の大学には、そんな権威も信頼もありません。監査社会（オーディット・ソサイエティ）論[9]によれば、現代は専門職への社会的信頼の低下という特徴をもつ時代です。医師や弁護士ですらそうであれば、大学が昔風の信頼をもたないのは当然でしょう。

　説明責任の責任を負うのは自律的な経営単位としての教育機関（大学）です。組織としての種々の権限体系が一箇に完結した単位は、講座や部局ではなく、大学です。財務面でも、収支に最終的責任をもつのは大学です。私立大学はもちろん国立大学も法人化以降は、自律的な経営体としてその性格を強めています。したがって、社会から説明を求められた時、それに応える最終的責任は大学にあります。

　説明責任を果たすには、学内全体の把握が肝要です。「部局のことは部局任せ」ではすみません。学内の状況と動きを的確に把握し、問題が発見された場合には、しかるべく対処できる体制が必要です。この体制として、インスティテューショナル・リサーチ（Institutional Research, IR）が重要であることは説明しました（第一部第3章第2節、pp. 53-56）。第一部では、IRの教育に関わる機能を中心に議論しましたが、IRは研究や第三の使命（p. 72）にも重要な役割を果たします。

　全学一体的に重点研究領域を設定する大学が増えています。予算状況の厳しい中で他学にない特色を発揮するため、特定の領域に資源を集中する工夫です。学内の数ある専門分野に全学的観点から優先順位をつけます。優遇される分野の一方、予算削減の影響を受ける分野も出てきますから、このような分野にも納得してもらわなければなりません。

　大学への補助金の最近の傾向も一体化へ拍車をかけています。研究者個人やグループ等を対象とした補助金と並んで、大学を単位とした大型の補助事業が増えています（図2-2）。たとえば、「スーパーグローバル大学創成支援事業」や「国際卓越研究大学（いわゆる「10兆円ファンド」）事業」はその典型です。文部科学省以外に、内閣府、総務省、厚生労働省、農林水産省、経済産業省、国土交通省、環境省、防衛省等が競争的研究費制度を運用して

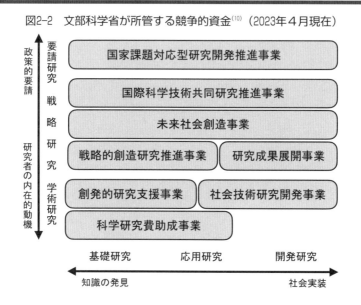

図2-2　文部科学省が所管する競争的資金(10)（2023年４月現在）

いますᵎ¹¹¹。このような事業では、全学的な実施体制の整備が問われます。

　以上のような経緯から、組織としての一体性をもった活動の必要が高まっ
てきました。講座の寄合所帯ではなく、一箇のアクターとしての性格を強め
ています。しかしながら、即座に一体的に動くことが可能なわけではありま
せん。伝統的な大学では、緩やかな学内秩序が支配的でしたから、新しい環
境に対応するためには、組織の合理化が不可欠です（コラム2-3）。

> ### コラム 2-3
>
> 教育機関が組織としてめざす**目標が、内部で自覚・共有**され、**諸部署の
> 職掌が明確化**され、かつ**階統的な指揮系統でつながる組織**へと変革が望
> まれる。

　この結果、二十世紀末以降、大学内で経営的部署の権限が増大する傾向に
あります。具体的には、全学的レベルでは学長ら大学経営陣の、部局レベル
では部局長など部局トップの発言力が増大しました。さらに、トップの意思

を組織全体に浸透させ、大学一体となってその実行にあたるために、官僚制的な組織モデルに向けた改革が行われています。換言すれば、大学組織がトップダウン的な階統的性格を強めている一方で、反比例してボトムアップ的な機関の影が薄くなりました。

　次節で述べますように、国家財政が厳しくなり、高等教育予算が削減される傾向にあり、大学としては、財務面での自立が迫られるようになりました。その結果、「収益」の観点から教育研究を捉える考え方が先進国の大学の一部で生まれています。「経営管理主義（マネジェリアリズム）」といわれる傾向です。さらに進んで、組織の合理化を進め、企業並みの経営学的な手法を援用する大学も現れました。「企業的大学」や「アカデミック・キャピタリズム」などとよばれる潮流です。

　トップによる主導性の発揮は大学においてどの程度可能か、大学組織の階統化はどこまで進むかは大きな問題です。次節で大学統御の要素を考える際に改めて言及します。ここでは、大学のユニバーサル段階への対応のために、組織の合理化が必要であることを確認しておきます。

第3節　大学統御

　「統御」は、広辞苑第七版によれば、「統べおさめること。まとめ支配すること。」と説明されています。高等教育機関に対しては、社会の各方面から何らかのコントロールが行われます。このコントロールを、英語では、「governance」とよんでおり、日本語訳では「ガバナンス」となります。しかしわが国では、この語は、学長のリーダーシップ等に関わる、いわゆる学内ガバナンスをさすことが通例となっています。本節では、これと区別するために耳慣れない言葉ですが、「統御」を用います。

　二十世紀末までの高等教育政策は、大学の活動を政府が規制・監督するものでした。学務面は教授自治に委ね、管理運営面では大学（とくに国立大学）は政府の統制下にありました。もちろん、イギリスのように、政策的な規制

がほとんどなく、大学が広範な自由を認められていたケースもあります。し
かし、日本も含めて多くの国では、行政による統制が高等教育政策の基調で
した。この時代には、大学は基本的に文部省の指示を仰いでいればよく、自
らの責任で行動することはあまりありませんでした。指示に服する代わり
に、庇護も受けました。予期せぬ事態が発生しても、文部科学省や政府が善
処してくれると期待していればよかったわけです。当時、わが国では、大学
は、「経営」ではなく「運営」するものと言われていましたが、実に象徴的
な表現です。

　ところが、高等教育がユニバーサル段階に入ると、行政による規制・監督
体制は機能不全が明らかになりました。この時期には大学の使命が拡大し、
かつ多様化しました。それに応じて、大学の活動も質量両面で著しく深化・
膨張しました。業務が輻輳する中で、文部科学省からの指示が現場の状況に
そぐわないケースも生じました。現場のニーズは複雑になる一方ですから、
教育研究の現場から隔たっているために、それに十分には対応できない状況
になっていました。

　高等教育機関のみならず、二十世紀末からの高等教育政策にも変革が迫ら
れました。先進国に共通する傾向は、いわゆるニュー・パブリック・マネジ
メント（「新公共経営」などと日本語訳されますが、「NPM」という略称が
通用していますので、以後これを使います。）的な規制緩和の導入です[12]。
これは、新たな公共サービスの経営手法として、二十世紀の後半に創案され
たものです（表2-4）。1980年代のイギリスにおいてサッチャー政権下で本格
的に導入され、高等教育にも適用されました。この制度導入の背景には、行
政部門の減量と行政業務の効率化という命題がありました。日本の場合に
は、少子高齢化社会と大幅な財政赤字という難題を克服し、社会を持続可能
なものにするためには、抜本的な行政改革による財政支出の抑制という喫緊
の課題がありました。

表2-4　ニュー・パブリック・マネジメント（NPM）の特徴

・公共サービスを政策企画と現業の二次元に分ける。
・経営資源の使用に関する裁量を広げる一方で、業績／成果による統制を
　行う。
・市場メカニズムを可能な限り活用する。
・統制の基準を顧客主義へ転換する（国民をサービスの顧客とみる）。
・統制しやすい組織に変革（ヒエラルキーの簡素化）する。

　NPMの基本的考えは以下のとおりです。事業執行を省庁による政策企画
から分離して現場組織に委ねます。現場組織には一定の経営的裁量が付与さ
れ、現場組織を互いに競争する環境に置き、切磋琢磨を通じて業務の効率化
を図ることが求められます。業務の結果は事後に評価・測定され、その次の
予算等に反映されます。現場組織は業務執行の具体的な状況を知悉していま
すから、与えられた裁量の活用によって、業務執行のニーズに即した効果
的・効率的な判断と機動的な行動が可能となります。
　NPM導入の背景のもう一つは予算面の問題です。二十世紀末の先進諸国
の経済は、高度成長が終わって低成長に入っていました。経済活力低下の影
響は国家財政にも及びました。多くの国では、高等教育の大衆化にともなっ
て教育機関の新増設を進めようとしましたが、低成長の時代では、予算の大
盤振る舞いは不可能でした。この時期に、NPMの考え方は時宜にかなって
いました。業務の効率化によって経費も節減し、公共サービスの質を維持し
ながら予算を削減することが可能でした。イギリスから始まった高等教育の
NPMは、二十世紀末前後にかけてヨーロッパを中心に、多くの国で採用され
ました。日本でも、国公立大学の法人化がこれにあたります。国立大学法人
化のモデルとなった独立行政法人制度は、NPMの典型的な所産の一つです。

```
コラム 2-4
```

法人化によって**国立大学がめざす基本的視点**
1.　**個性豊かな大学づくりと国際競争力のある教育研究**の展開
2.　国民や社会への**説明責任の重視と競争原理の導入**
3.　経営責任の明確化による**機動的・戦略的な大学運営**の実現

　国立大学法人化には、規制緩和の導入によるコラム2-4に示す成果が期待
されていました[13]。学問の府としての大学の**自主性・自律性を尊重**しつつ、
大学における**運営上の裁量拡大や運営の効率性向上**を促し、大学改革を促進
し、**活力に富み、国際競争力のある大学**づくりをめざすものでした。この部
のテーマである「統御」と「競争」が謳われていました。ところが、国立大
学法人化をこのような文脈で捉える考え方は必ずしも多くありません。むし
ろ、単なる「公務員減らし」とか、「大学への管理を強める試み」などと矮
小化される傾向がありました[14]。そのため、わが国の高等教育論議では、
「NPM」よりも、「新自由主義（的改革）」などの表現が用いられるのが通
例です。両者が思考として同根であることは確かですが、NPMは、社会哲
学や政治イデオロギーではなく、あくまでも公共経営の手法です。

　NPMは、高等教育の規制緩和を進めることが重要な目的であったはずで
すが、当時は、国立大学側も、おそらく文部科学省側も「規制緩和」に対す
る認識が十分ではなかったものと思われます。規制を緩めて大学の自由度を
高める場合、それが単なる放恣に流れては困ります。規制緩和は自由放任で
はありません。間接的であれ、コントロールは不可欠です。これが病院や交
通のような通常の公共サービスであれば、規制緩和してもコントロールは可
能です。売上や収益、サービス量などをツールに使えば、現場組織の業務成
果は検証できます。しかし、学知の生産（研究）と伝承（教育）という大学
の本来的使命には、質的な性格が多いために、同じような発想は大学には通
用しにくいのです。

　現代社会において大学の果たす役割は重要になってきています。適当な統

御ツールがないまま大学が社会の期待から遊離し、人材育成やイノベーション牽引などの使命を十分果たさないことになれば、社会の活力は停滞しかねません。すなわち、規制を緩和する一方で、大学が社会に十分貢献するように担保されなければなりません。換言すれば、いかに大学を効果的かつ自律的に統御するかという問題です。

　社会的分業のネットワークの中にいる大学は、その役割や役割の果たし方が問われるのは当然です。二十世紀までは、大学のあり方は自明視される傾向がありましたが、二十一世紀には、多種多様なステークホルダーのニーズに応えることが大学に求められています。このため最近、大学のエンゲージメントという新たな視角が提唱されています[15]。このエンゲージメントとは、多様なステークホルダーの共同利益を志向しつつ、それぞれの特性に応じた責任ある互恵的協働関係を構築するように大学経営を位置づける考えです（コラム2-5）。すなわち、多様なステークホルダーとのそれぞれ異なるエンゲージメントを実効性あるものとする統御の問題です。

コラム 2-5

・学生、その保護者、卒業生、共同研究等を進める企業、投資家、寄附者、国、地方自治体、地域の市民、国際社会など**多様なステークホルダー**に対して、どのようなエンゲージメントを形成するか、**相手によりエンゲージメントのあり方は異なる**。
・学外のみならず、学内の教員、研究者、事務職員、学生などもステークホルダーであり、それぞれの**インセンティブ、モチベーションをあげるエンゲージメント**が必要である。
・エンゲージメントの目的は、個々のステークホルダーの固有の利益ではなく、**共同の利益を志向する**ことである。

　NPMが導入されて、すでに数十年が経過しました。わが国でも、国立大学法人化からも早や20年になろうとしています。その間に、法人化をうけて創始されたNPM的な諸制度は、安定・確立した観があります。大学に対す

る目標管理と事後の成果測定のために、中期目標・計画と国立大学法人評価が導入されました。これらはすでに3期18年を経て、第4期（2022年度〜2027年度）に入りました。その間、些細な修正は施されたものの、制度の基本骨格は変わっていません。さらに、同じく2004年（平成16年）に開始された大学機関別・分野別認証評価も規制緩和の賜物です。これも、大枠は発足時から現在まで変わっていません。

　この大学評価に関連した政策的な動向は、専修学校に対しても同じような方向に進んでいます（表2-5）。専修学校の認可は、従来から都道府県知事が行ってきました。専修学校の専門課程における職業教育の水準の維持向上を図ることを目的として、職業に必要な実践的かつ専門的な能力の育成をめざして専攻分野における実務に関する知識、技術および技能について組織的な教育を行うものを、文部科学大臣が「職業実践専門課程」として認定する制度[16]が発足しています。この制度は、専門職（職業）高等教育に対しても国が一定の責任をもつことを示唆したものであり、専門職大学の設立につなが

表2-5　大学および専修学校の評価の歴史

大　　　学	専修学校
・自己点検・評価の努力義務（1991） ・自己点検・評価の実施義務化、評価結果の公表義務化、外部評価の努力義務化（1998） ・大学評価・学位授与機構（現在、大学改革支援・学位授与機構）の創設（2000） ・認証評価制度の導入（2003） ・専門職大学院制度の発足（2003） ・専門職大学制度の発足（2019） ・高等教育の無償化制度導入（2020）	・自己点検・評価結果公表の努力義務（2002） ・自己点検・評価の実施、結果公表の義務化（2007） ・学校関係者評価の努力義務（2007） ・第三者評価の定義（学校評価ガイドライン、2010） ・学校関係者評価が「職業実践専門課程」の認定要件（2014） ・専修学校職業実践専門課程の第三者評価の試行（2014） ・高等教育の無償化制度導入（2020）

りました。第一部で言及しましたように、専門職人材（プロフェッショナル）の育成が喫緊の課題となっていますから、専門職高等教育機関の統御も重要な課題です。

　最後に、現行のわが国の統御システムは適切に作動しているでしょうか。残念ながら、大学に関して言えば「No」です。一例を挙げますと、国立大学法人化がめざした目的（コラム2-4）とは裏腹に、わが国の教育力や知的創造力（研究開発力）は低下しています[17]。今世紀に入って、むしろ日本の学術国際競争力の後退を示唆する多くのデータがあり、メディアもしばしば取りあげています。その根本原因を法人化とそれに続く大学改革に求める見方は少なくありません。そうではなく、既存の統御システムが十分には機能していないという反省に立って、二十一世紀社会に対応できる統御システムを構築すべきです。この作業の前提として、構成員はもちろん社会全般の二十一世紀の高等教育に対する意識変革が必要です。

　NPMは国・地域ごとに異なる形で適用されています。つまり、ある定まったNPMが存在するのではなく、それぞれの現実に合わせて調整された多種多様なNPMが存在しています。NPMには当初、公共経営の直面する諸問題への万能薬であるかの如く期待を寄せられましたが、その期待は今日ではかなり色褪せています。公共政策論などの学術的議論においても、もろ手を挙げてNPMに賛同する議論は低調のようです。とくに、高等教育については、その有効性について懐疑的な立場が目立ちます[18]。NPMは、二十世紀末の社会の変化への対応として、それなりに有用ではありましたが、NPMにこだわるのではなく、将来を見定めた統御システムを構築すべきです。ここから、高等教育マネジメントのあるべき姿が浮かびあがってきます。

《注》
(1)　ジョン・F・ケネディ大統領就任演説（1961）https://www.jfklibrary.org/learn/about-jfk/historic-speeches/inaugural-address
(2)　NASA Langley Research Center's Contributions to the Apollo Program

(2008) https://www.nasa.gov/centers/langley/news/factsheets/Apollo.html

⑶　独立行政法人大学改革支援・学位授与機構編著（2019）『高等教育機関の矜持と質保証—多様性の中での倫理と学術的誠実性』大学改革支援・学位授与機構高等教育質保証シリーズ、ぎょうせい　p. 15

⑷　Davidson, C.N. (2011) *Now You See It: How the Brain Science of Attention Will Transform the Way We Live, Work, and Learn*, Viking Press, New York

⑸　Frey, C.B. and Osborne, M.A. (2013) The Future of Employment: How Susceptible are Jobs to Computerisation?. https://www.oxfordmartin.ox.ac.uk/downloads/academic/The_Future_of_Employment.pdf

⑹　Austin, I. and Jones, G.A. (2016) *Governance of Higher Education: Global Perspectives, Theories, and Practices*, New York: Routledge pp. 149–164

⑺　Trow, M. (2007) Reflections on the Transition from Elite to Mass to Universal Access: Forms and Phases of Higher Education in Modern Societies since WWII. Forest J.J.F. and Altbach P.G. (eds) *International Handbook of Higher Education. Springer International Handbooks of Education*, vol 18. Springer, Dordrecht https://link. springer. com/chapter/10. 1007/978-1-4020-4012-2_13

⑻　18歳人口と高等教育機関への進学率等の推移（2020）文部科学省資料 https://www.mext.go.jp/content/20201126-mxt_daigakuc02-000011142_9.pdf を参考に著者が作成

⑼　Hüther, O. and Krücken, G. (2018) *Higher Education in Germany: Recent Developments in an International Perspective*, Cham: Springer, loc. 640

⑽　文部科学省の競争的研究費一覧　https://www.mext.go.jp/a_menu/02_itiran.htmを参考に著者が作成

⑾　競争的研究費制度　https://www8.cao.go.jp/cstp/compefund/kyoukin31_seido_ichiran.pdf

⑿　独立行政法人大学評価・学位授与機構編著（2010）『大学評価文化の定着—日本の大学教育は国際競争に勝てるか？』大学評価・学位授与機構大学評価シリーズ、ぎょうせい　pp. 170–173

⒀　内閣府（2002）国立大学等の独立行政法人化に関する調査検討会議「新しい『国立大学法人』像について」https://www8.cao.go.jp/cstp/siryo/haihu16/siryo2-2.pdf pp. 6–8

⒁　独立行政法人大学改革支援・学位授与機構編著（2020）『大学が「知」のリーダーたるための成果重視マネジメント』大学改革支援・学位授与機構大学マネジメント改革シリーズ、ぎょうせい　pp. 62-70

⒂　文部科学省（2020）国立大学法人の戦略的経営実現に向けた検討会議（第9回）資料　https://www.mext.go.jp/content/20201027-mxt_hojinka-000010193_3.pdf

⒃　「職業実践専門課程」について　https://www.mext.go.jp/a_menu/shougai/senshuu/1339270.htm

⒄　独立行政法人大学改革支援・学位授与機構編著（2022）『危機こそマネジメント改革の好機』大学改革支援・学位授与機構大学マネジメント改革シリーズ、ぎょうせい　pp. 145-160

⒅　Broucker, B. et al.（2017）"Higher Education Research: Looking Beyond New Public Management" in Huisman, J. and Tight, M.（eds）*Theory and Method in Higher Education Research*, vol. 3 pp. 21-38

第2章

日本の大学統御システムの特徴と問題点

　大学統御システムの把握には、それを記述・分析するための道具立てが必要です。大学統御の理論と実際に関して、多数の研究があります。本章では、それらを紹介しながら、とくに「イコライザー（Equalizer）論」とよばれるモデルに着目し、これに基づいて日本の大学統御システムを議論します。なお、イコライザー論の「日本の大学」は、一般の大学であり、専修学校や専門職大学院・大学は含まれておりませんので、この章では、大学統御を中心に議論しますが、議論内容は、専修学校や専門職大学院・大学にも十分参考になるはずです。

第1節　大学統御の諸要素

　高度な専門性をもつ高等教育は、内容の面では国境を超えた普遍性をもっていますが、その制度は国・地域によって多様です。大学統御は、教育システムの作動のあり方と密接に関連しますから、当然さまざまです。そこで、種々の大学統御システムを整理し、そのメカニズムを明らかにするために、類型的な把握を試みる、あるいは統御を構成要素に分解するなどの研究が行われてきました。このうち、最も有名なのは「クラークの三角形」です（図2-3）。社会学者のクラークは、大学統御のパターンとして三つの理念型（国家規制、市場メカニズムおよび教授自治）を想定しました[1,2]。

　国家規制は、国が大学に対して行うコントロールで、さらに二つに分けて考えることができます、第一は、立法による制度面の創出・変更やその過程での政党等による働きかけという政治的側面です。第二は、所管省庁による許認可・指導という行政的側面です。

図2-3　クラークの三角形[3]

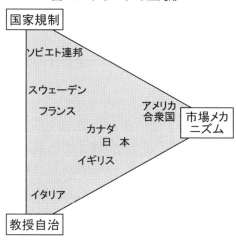

　市場メカニズムは、市場における競争が大学に与える影響です。わが国では、高等教育を「市場」という立場では捉えてきませんでした。しかし、自由貿易の促進を主たる目的とした世界貿易機関（World Trade Organization、WTO）は、公共性と関連して語られることが多かった高等教育を貿易産品となりうる知識サービス産業（表2-6）として捉えました[4]。また、学生は授業料でもって高等教育を購買する消費者（顧客）と想定すれば、教育機関は市場で競争するという捉え方ができます。教育機関は、顧客を獲得すべく、それぞれが提供する教育その他のサービスを競い合うことになります。一方、学生（消費者）は、複数の教育機関を比較して、その良否を判断して入学先を決めることになります。寄附金や政府等からの補助金も教育機関間の競争を促しますし、いかに優れた教員・研究者を獲得するかという取組についても同様のことが言えます。

　教授自治は、大学の伝統的なあり方で、教授たちが合議で運営に関与することです。教授が大学の要職を占める場合が多く、学内の主要機関である参事会や教授会では教授たちの集合的意思が表明されます。

表2-6　世界貿易機関（WTO）のサービス分類

1.　実務サービス
2.　通信サービス
3.　建設サービス及び関連のエンジニアリングサービス
4.　流通サービス
5.　教育サービス
　　A．初等教育サービス
　　B．中等教育サービス
　　C．高等教育サービス
　　D．成人教育サービス
　　E．その他の教育サービス
6.　環境サービス
7.　金融サービス
8.　健康に関連するサービス及び社会事業サービス
9.　観光サービス及び旅行に関連するサービス
10.　娯楽、文化及びスポーツのサービス
11.　運送サービス
12.　その他

http://www.mofa.go.jp/mofaj/gaiko/wto/service/gats_4.html

　前記の三類型は、論理的・抽象的に構成された理念型モデルで、現実に見られる統御システムは、これらが折衷・混合したものになります。どの理念型の性格の強弱を示すことによって、その大学統御の特徴を表すことができます。クラークは、この三要素を極とする三角形の内部に種々の国・地域をマッピングしました（図2-3）。市場メカニズムの極に最も近いところにあるのはアメリカ合衆国で、市場競争が最大の動因と考えられます。一方、旧ソビエト連邦は国家規制の極に位置しますので、国家のコントロールが圧倒的に強いわけです。教授自治の強いのがイタリアです。日本やカナダは三角形の中央付近に位置し、三要素がほぼ同じ強さで作用しています。この図中の日本は一般の大学について示しており、専修学校や専門職大学院・大学はア

メリカ合衆国に近い場所に位置づけられるでしょう。ドビンズとニル[5]は、クラークのモデルと同様に、大学統御のタイプを「市場志向的」「国家中心的」「教授自治的」の三分類にしています。

　これらの理念型論からさらに踏みこんだ理論もあります。大学統御を複数の要素に分解し、その組み合わせから統御のパターンを説明する試みです。この理論を使えば、大学統御の種々のタイプ間の相違を、単に描写するだけでなく、諸要素の相対的な強弱をもって分析的に説明することができます。この手法は、とくに、異なる国・地域の高等教育制度を比較する場合に有用です。

　その好例として、シマンク（ドイツの社会学者）の「イコライザー論」を説明します[6]。これは、大学統御を構成する要素として、コラム2-6に示す五要素を提案し、これら五要素の相対的重みで、大学統御のあり方が決まるとしています。

コラム 2-6

イコライザー論の**大学統御**を構成する要素
- **国家規制**（State Regulation）
- **教授自治**（Academic Self-Governance）
- **外部統制**（Stakeholder Guidance）
- **経営管理的統制**（Managerial Self-Governance）
- **競争**（Competition）

　これらは、クラークの三理念型を精緻化したものと言えます。すなわち、クラークがいう国家規制を「イコライザー論」では（狭義の）国家規制と外部統制の二つに分けています。大学内の動きについては、教授自治に加えて経営管理的統制が設けられています。五要素に増やしたことによって、大学の実態により即した道具立てになっています。以下、新たに付加された二つの要素について説明します。外部統制は、外部ステークホルダーによるコントロールのことで、大学評議会［日本の国立大学の経営協議会に相当します。

国によって、council（英）、university board（独）などとよばれます。〕や
大学認証機関がこれにあたります。学外からのメンバーを含む大学評議会が
外部の声を反映するのは当然です。大学認証は、国家が法的に義務づけるこ
とが多いことから、国家規制のように思えるかもしれません。しかし、あく
までも認証の主体は認証機関ですから、イコライザー論では大学認証を外部
統制の一部と考えており、政府・国家は外部ステークホルダーに位置づけて
います。政府からのコントロールには、（狭義の）国家規制のような直接的
な介入ばかりでなく、目標管理の趣旨をもつ業績契約（日本の国立大学法人
の中期目標・計画に相当します。）など、間接的手段を介して行われる場合
も含まれます。

　経営管理的統制とは、学内における官僚制的組織モデルに基づく意思の決
定と遂行のことです。企業や官庁での組織統制のあり方と言えます。トップ
（全学レベルでは学長など、部局レベルでは部局長など）の意思が上意下達
的な組織構造を通じて末端にまで波及し、組織全体がトップの意思に従って
動くものです。

　「イコライザー」は、これら五要素の強弱を示すために、5本の縦の数直
線を設定しています。これが、ステレオのイコライザーのように見えるため
に、このようによばれています。イコライザー論による大学統御システムの
記述は、高等教育機関の国際比較に活用できます[7]。シマンクらの取りあげ
るイギリス、オランダ、ドイツおよびオーストリアは、いずれも二十世紀末
以降、NPM的な大学改革を実施した国です。四カ国のシステムは異なりま
すので、それぞれの特徴がイコライザー上に図示されています（図2-4）。矢
印の始点は改革以前の状況を示し、終点は改革後の状況を表します。した
がって、それぞれの国で各統御要素が、改革の前後でどのように変化したか
を示しています。

図2-4　大学統御のイコライザー

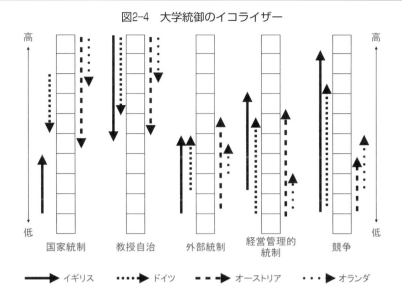

高　　　　　　　　　　　　　　　　　　　　　　　　　　高

低　　　　　　　　　　　　　　　　　　　　　　　　　　低

国家統制　　教授自治　　外部統制　　経営管理的　　競争
　　　　　　　　　　　　　　　　　　　統制

━━━▶ イギリス　　┅┅▶ ドイツ　　━ ━ ▶ オーストリア　　・・・▶ オランダ

　国家統制を例に図2-4の読み方を説明します。イギリスの矢印だけが上向きであることが注目されます。これはイギリスの特殊事情によるもので、同国ではそれ以前の大学への国家統制がきわめて緩やかであったため、NPM改革が、規制緩和ではなく、規制強化となりました。他の三カ国は、規制が強かったため、NPM改革によって規制緩和されましたので、いずれも矢印は下向きです。ただし、改革後の規制の絶対的水準は、イギリス、オランダおよびオーストリアは大差ありません。矢印の長さから、オーストリアが、最も急激な規制緩和の実施が指摘できます。一方、ドイツの矢印の短さは、従来からの規制が強固だった上に、規制緩和も小幅だったことを示しています。

　四カ国に共通的な趨勢として、第一に国家統制と教授自治が減退したこと、第二に外部統制、経営管理的統制、競争が増大したことが指摘できます。前二者は伝統的な大学統御の柱でしたから、これらが弱まって後三者が強まることは、まさしくNPM改革の目的が達成されていることを示唆しています。全体として改革の激度はイギリスで最大であったと推測できます。

サッチャー時代の高等教育改革を考えれば、納得のいく分析です。これに次ぐのがオランダで、最も「保守的」なのがドイツとなります。ただし、五つの統御因子をどのような割合にすべきかについて国際的な共通解はありません。高等教育は、それぞれの国の文化と歴史の産物ですから、自律と統制のバランスも国や地域によって当然異なることになります。

第2節　日本における大学統御の特徴

　イコライザー論は定量的な処理が可能であるような錯覚をもつかもしれませんが、諸要素の強弱や強度変化を定量的に測定する手段は、あまりありません。したがって、この理論にはかなり定性的な面がありますが、統御システムを記述するツールとしては有用です。統御を要素に分解することによって、統御システムが、どの要素の強弱に由来しているかを分析的に把握することが可能です。

　日本の大学にイコライザー論を適用して、現在の大学統御システムの特徴を分析します。以下の議論は、主として国立大学を念頭に置いて進めます。イコライザー論は、国（公）立大学が高等教育の中軸であるヨーロッパ諸国の状況を下敷きにして創案されていますから、それとの対比には国立大学が適当です。

　図2-5は、イコライザー上に日本の状況を置いたものを示します。上述のように、各要素の強度の絶対的水準や変化度を客観的に測定することは不可能ですから、個々の矢印の位置や長さは筆者の主観によります。しかし、矢印の位置と長さを決めるにあたっては、ドイツの高等教育事情の調査研究を通じて、その統御要素での日独の事情を勘案し、図2-4のドイツの矢印を参考にしました。

図2-5　日本の大学統御のイコライザー

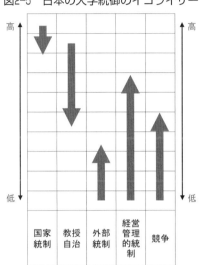

　全体的趨勢は、国家規制と教授自治が減退する一方で、外部統制、経営管理的統制、競争が増大しています。この傾向は、図2-4の四カ国と似ています。国立大学法人化はNPMを下敷きにした改革でしたから、当然でしょう。個々の要素を仔細に分析してみると、日本と四カ国とでは違い[8]がみられますので、ドイツとの比較を中心に記述します。

国家統制

　国家規制については、矢印は下向きではありますが、その長さは比較的短めで、改革を経ても日本では、国家規制は四カ国ほどには撤廃されていないと考えられます。規制緩和の原則は「事前規制から事後チェックへ」と謳われてはいましたが、事前規制のかなりの部分が残存したままになっています。むしろ、従来の事前規制の上に事後チェック（認証評価）が上乗せされた状況に近いかもしれません。

　学務面については、大学設置審査制度は、多少の変革は実施されたもの

の、継続されています。この審査がかなり厳しいことはよく知られています。学生定数管理も同様にきわめて厳格です。財務面では、本来は「渡し切り」であるはずの運営費交付金に関して、部分的に使途の指定がまだあります。内部留保等に関する制限もあり、大学による予算の使い勝手を制約しています。

　ドイツでは、学務面での規制緩和がかなり進んでいます。教育プログラムの新設は、大学の自己裁量で決定できます。教育の質保証としては大学認証（日本の機関別認証評価に相当）と称する事後的チェックがあるだけです。場合によっては、それについても、大学に自己認証の権限が与えられることがあります。つまり、外部公的機関に代わって、大学自らが教育プログラムにお墨付きを与えることができます。

　財務面では、ドイツの規制緩和は、ヨーロッパ全体と比較すると、必ずしも十分とは言えません。それでも、ドイツの基盤交付金（日本の運営費交付金に相当）は、ほぼ完全な一括交付で、実際の執行は大学に任されており、制約はほとんどありません。

　以上を総合的に判断して、ドイツは、四カ国の中では国家規制が根強く残った国ですが、日本はさらにそれより規制色が強いと言えます。

教授自治

　日本の教授自治は、矢印は下向きにかなり長く伸びていますから、大幅に削減されたと考えられます。同僚制的な意思決定機関の発言力低下です。たとえば、それまでの評議会は、法人化によって教育研究評議会に変わり、その位置づけも審議機関となりました。部局レベルでは、その後の法律改正で、教授会の権限が縮小され、学長に対する諮問機関的な存在になりました。法人化とともに学長選任の権限は、学長選考会議に移され、同会議の権限はその後さらに強化されました。かつては、学長の選任は学内の選挙等によって行われていましたから、以上の一連の動きは、教授自治の要素を弱めるものでした。

ドイツの大学における全学的な同僚制的機関にあたるのは参事会です。改革前と比べて権限が縮小されましたが、今もって多くの問題の最高決定機関であることには変わりありません。参事会の具体的な権限は、州によって差がありますが、学長など大学幹部の任免、学内組織の改廃、予算の編成などの重大問題に決定権をもつか、そうでなくても深く関与します。したがって、日本の教育研究評議会と比較して、権限面ではるかに強力です。たとえば、学科統廃合問題について、経営陣が策定した案が参事会で否決され紛糾する事態も発生しています。

外部統制

日本の大学の外部統制については、比較的長い矢印が上を向きます。外部統制は、法人化を機に導入が進みました。大学の経営に関する重要事項を審議する機関として、経営協議会が設置されました。そのメンバーの過半数が学外者ですから、外部ステークホルダーの影響増と言えます。学長選考会議の権限強化も同じく、外部統制の拡大を意味します。

大学認証としては、機関別認証評価［2004年（平成26年）］が導入されました。国立大学法人の中期目標・計画の制度は、業績契約を通じた国による間接コントロールと言えます。この制度は、大学がめざすべき目標を事前に約束し、事後の検証を経て、検証結果に応じた応報を図る仕組です。

ドイツにおける外部ステークホルダーの意向を代表する機関は、大学評議会です。外部からのメンバーも含めて組織され、大学経営陣を監督し、社会の要請を大学に伝達し、民間企業の経験を大学経営に提供するなどの使命をもっています。総じて、その構成や活動は日本のものと類似しています。会長は評議員の間から選任されますから、日本より独立性は高いと言えます。また、経営に関わる重大事項に関する決定・承認の権限をもっていることが、日本と大きく異なる点です。これらの権限は、以前は参事会がもっていたものですが、大学評議会に移されました。その結果、今日では重要事項に関する決定権は、大学評議会と参事会が分担しています。

　大学認証の制度では、教育プログラムの認証審査が積極的に行われおり、ドイツの方が実効的です[9]。ドイツのほとんどの大学は、州との間で業績協定を結んでいます。これは目標管理を目的とした業績達成の契約で、趣旨としては日本の中期目標・計画に同一です。ただ、双務性・対等性等の点で、日本のものより整備されています。

　以上をまとめると、外部統制についてはドイツの方が整っていると結論されます。

経営管理的統制

　日本の変化が著しいのは経営管理的統制です。図2-5では上向けの矢印が長くなっています。とくに学長の権限強化が中心です。多くの経営上の問題について、最終的な決定権は学長の手にあります。教育研究評議会も経営協議会も審議機関にすぎず、しかも両会とも議長である学長の主宰下にあります。「国際的に見ても、法令上、これほど学長に権限を集中させている国は他にない。」と言及されています[10]。

　財務面からも学長のリーダーシップを保証する仕組みがあります。運営費交付金では学長裁量経費の枠があらかじめ設定されています。2014年（平成26年）には副学長の権限が法的に強化されましたが、これは学長を含めた大学経営陣の主導性を強化するものと理解されます。

　ドイツでは、学長は、制度上、参事会や大学評議会の決定に従い、それを執行すると同時に、経営管理的職務としての地位が強化されました。たとえば、教授招聘人事では、教授たちによる人事選考委員会の頭越しに学長が決定を主導する動きが一部で見られるようになりました。しかし、全体的には、日本ほど階統的要素が強まったわけではありません。一つには、数世紀に及ぶ伝統の重みのゆえでしょうが、教授の地位が堅固であるのも一因です。ドイツでは教授は国家官吏の地位をもちますので、確固たる身分保障があります。また、教育研究の自由は、基本法（憲法）で日本よりも明快に記されています。したがって、大学が上意下達的な組織や手続を設けようとし

ても、教授（団）の身分と権限に抵触しないことが条件となります。

競　　争

　競争に関する矢印は比較的長めですが、ドイツのものよりも短くなっています。日本の大学間の競争は激化しています。国立大学においては、運営交付金の割合が漸減し、競争的資金の割合が増加しています[11]。運営費交付金について、成果連動配分の要素が強まっています[12]。成果連動への傾向は、今後も強まりこそすれ、弱まることはないでしょう。

　大学を単位とした競争的な補助金事業も増加しています。「21世紀COEプログラム」「スーパーグローバル大学創成支援事業」（略称「スーパーグローバル」）や「地（知）の拠点大学による地方創生推進事業（COC＋）」（略称「大学COC事業」）などがすぐに思い浮かびます。その他、教育改革や大学経営改革などについて多数の補助金事業があります。競争の激度が、著しく高まったことは確実です。しかし他方、競争を制約するような制限があります。これについては、第3節で詳述します。

　競争の前提要件の一つである大学間格差は、ドイツではあまり大きくありません。有力大学と目される一群の大学はありますが、大学間の懸隔は日本ほど大きくはなく、また固定的ではありません。ドイツの大学間競争は、総じて言えば、日本よりも厳しい印象があります。ドイツでは、高等教育への参入規制は緩やかで、わが国の設置審査のような事前規制はありません。学科や教育プログラムの改廃は大学自身の決定事項です。学生定員を厳しくチェックする制度もありません。このため、大学進学者の増加に大学の施設が追いつけず、学生が講義室にあふれかえる等の事態も発生しています。授業料は、どの州でも原則無料ですから、大学間競争の要因にはなりません。

　ドイツにおける競争的補助金は多種多様なものがあり、その全貌は容易に把握できませんが、近年増加傾向にあります。とくに「エクセレンス・イニシアチブ」という大規模な助成プログラムは、大学間競争を加速させました。一方、大学への予算における成果連動配分の割合（基盤交付金における成果

連動配分の規模は数パーセント程度）はほぼ日本並みです。

第3節　外部統制と経営管理的統制は大学の発展に機能するか？

　日本の大学の国際的地位は低落[13]しており、大学統御システムの機能不全が懸念されます。わが国の大学の国際的評価を高めるための対策（制度の見直し）は喫緊の課題です。制度を見直す場合、今まで国際的に推進され成果が確認できている「規制緩和」を否定する方向はあり得ません。その上で、学術には自律性が不可欠であるという意識が重要です（コラム2-7）。教育研究は高度に創造的な営みであり、教員・研究者が自発的な知的能力を展開させてこそ、独創的な知が産まれます。その自発的な知的能力の展開を活性化することが組織としての責務です。

コラム 2-7

　学術にとって、最も重要なことは「**自律性**」である。そして、その自律性を保証する**組織の自律性**が求められる。

　自律は、まず知的活動を行う教員・研究者個人レベルで重要です。さらに、大学がアクターとしての責任を問われる状況から、機関としての大学も重要な単位になります。大学の自律を尊重しつつ、高等教育全体が社会に貢献する方向に発展しうる大学統御システムの構築が望まれます。そのためには、現場組織としての大学に裁量を与えてその自律を保証し、大学に対するコントロールはあくまでも間接的なものにとどめることが不可欠です。大学の自律性を重視する考えは、規制緩和改革としての国立大学法人化に本来含まれていたものです（コラム2-4　p.80）。法人化改革の目的の実現状況については議論がありますが、法人化がめざしたところは、われわれにとって決して縁遠いものではなかったはずです。

　ヨーロッパでは、高等教育の健全性の一つの指標として「自律性」を重視

しています。ヨーロッパにおける高等教育の連合組織であるヨーロッパ大学連合（EUA）は、自らの活動目標の筆頭に大学の自律の促進[14]を掲げて、自律性の指標を公表しています（表2-7）。そして、定期的にヨーロッパ域内

表2-7　ヨーロッパ大学連合（EUA）による大学の自律性の指標[15]

領域	指　標
組織	・学長の選任手続 ・学長の選任基準 ・学長の免職 ・学長の任期 ・経営管理的機関での外部メンバーの有無・選任 ・学内の部局等構成に関する決定の権限 ・法人設立の権限
財務	・公的資金交付の期間と形式 ・留保金形成の権限 ・債務の権限 ・不動産所有の権限 ・授業料徴収の権限
人事	・教授と幹部事務職員の任用の決定権限 ・教授と幹部事務職員の待遇の決定権限 ・教授と幹部事務職員の免職の決定権限 ・教授と幹部事務職員の昇任の決定権限
学務	・学生総数の決定権限 ・学生選抜の権限 ・教育プログラム設置の権限 ・教育プログラム廃止の権限 ・質保証の方式と機関の選定の権限 ・教育プログラムの内容設計の権限

＊ヨーロッパの特殊事情に由来する指標（たとえば、授業料徴収におけるEU・非EUの区別等）は省略

の国・地域の高等教育制度の自律性を調査し、結果を公表しています。

　自律性向上は、高等教育の理念として重要であるだけではなく、教育研究の効率を高める効果もあります。実際、欧米の大学を対象にした調査研究では、大学の自律性が高いほど研究パフォーマンスも高いという結論が出ています。

　この観点から、日本の大学統御システムの方向性をどのように考えるべきでしょうか。NPM的改革は、イコライザー論の五つの統御要素に即して考えてみましょう。伝統的な大学統御の柱であった国家統制と教授自治が後退し、それらに代わって外部統制、経営管理的統制、競争が重視されている方向は国際的な流れです。そこで、後三者を取りあげて、今後の可能性を考えます。三者のうち、「競争」は第3章のテーマですので、この節では、外部統制と経営管理的統制について論じます。

外部統制

　外部統制は日本ではさほど強固でないと診断しました（図2-5　p. 93）。それでは、外部統制の整備強化が、望ましい大学統御システムにつながるでしょうか。

　大学認証から考えます。規制緩和の脈絡においては、大学認証は健全な競争への参加要件を確認するものです。すなわち、大学が最低限の要件を満たしていると認定し、競争が「安かろう、悪かろう」に堕さないようにするのが、大学認証の使命です。別の言い方をすれば、卒業証書をいわば金で売るような、実体のない教育機関（アメリカ合衆国などでは「ディグリー・ミル」とよばれます[16]。）を排除するための仕組みです。

　教育は、経験財（購入頻度が小さく、かつ経験によってのみ質の判断が可能な財）の性格をもっています。食品などの探索財（質の判断が事前に可能で、かつ購入が頻繁なため、次回に購入判断を変更しうる財）とは異なります。さらに、高等教育は内容が専門的ですから、外部ステークホルダーには判断がつきにくいものです。たとえば受験生にとって、その大学の教育研究

の水準について事前に十分判断することは難しいでしょう。入学後、こんなはずではなかったと後悔するケースが生じます。この種の情報の非対称性を最低限解消するための制度が大学認証です。大学認証は質のレベルを査定するものではありません。例外的に質のレベルについて段階判定を示している場合はありますが、認証結果は原則として合否の二段階で示す場合が大多数です。わが国の認証評価の目的（表2-8）には、質保証とともに大学自らの改善・向上に資することが強調されています。質保証についても設置基準に適合しているか否かの判断が中心になっています。

表2-8　認証評価の目的

・大学等における教育研究などの諸活動の質を保証する。
・大学等における諸活動の質の改善・向上に資する。
・大学等における諸活動について社会的説明責任を果たす。

　以上から、大学認証には統御的作用はきわめて乏しいと言えます。質のレベルは、大学認証を経た後、大学間の競争の優勝劣敗を通じて定められることになります。

　次に、目標管理的な業績契約（これにあたるのは、日本では中期目標・計画、ドイツでは業績協定です。）を考えましょう。目標管理は、NPM的体制において、各省庁の現場組織業務を管理する際によく採られる方式です。すなわち、達成すべき目標について省庁と現場組織が合意した上で、その目標の達成方法は現場組織の裁量に委ねられます。つまり、「終わりよければすべてよし」で、結果として目標が達成されていれば手段は問われません。

　日本の国立大学法人の中期目標・計画は、目標管理の性格が希薄で、むしろ執行管理の面が強くなっています。この点は、次章の競争のところで議論しますが、現場組織の自律性が制限され、外部統制に特有の間接性が失われます。

　最後に、経営協議会については、外部ステークホルダーへの期待が高く、

大学経営に外部（とくに経済界）を中心とした「民間」の声を反映させるべきと言われています。日本の経営協議会の実態と効用に関する実証的な研究はなく、その可能性については判断材料が乏しいのが現状です。ドイツの大学評議会については実証研究があり、そこから手がかりを得ることができます。

　大学評議会の活動は、日本の経営協議会とあまり変わりません。規模は10人程度で、学外者が多数とはかぎりません。会合の開催頻度は年４回前後、毎回４時間程度です[17]。権限面では、日本の経営協議会よりかなり強力です。しかしながら、実証研究によれば、大学評議会の強い統御的作用については、肯定的な評価は難しいようです[18]。上記のような会合の頻度・時間では、深い議論は不可能で、大学評議会には自前の事務局をもたないケースが多くなっています。評議会事務局を設置している大学は全体の３割程度で、その他の大学では評議会の議事運営は学長室に任されています。議事運営を握る経営陣が、議論の帰趨も左右することになりますから、評議会は経営陣の決定を追認する傾向があります[19]。

　この点は、評議会の意義についての経営陣側の認識にも表れています。つまり、「学外の見識の獲得」「戦略的目標の開発の改善」「大学の改革力の強化」など、意思決定や企画立案への貢献を認める声が多く、他方「決定事項の遂行の効率的監督」はあまり認められていません[20]。つまり、実際には大学評議会は、本来期待されていた、経営陣のチェックという監督的機能はあまりもたず、助言的機能に傾斜しています。日本の経営協議会も、審議機関という位置づけですから、統御的な役割は限られています。

経営管理的統制

　わが国の大学改革論議では、しばしば「学長のリーダーシップ強化」が強調されます。しかしながら、上述のように日本の国立大学の学長の権限は、現行法令でもきわめて強大で、規定面でこれ以上の権限強化をはかる余地は、ほとんどありません。学長のリーダーシップを考える上で重要なことは、単なる権限の広狭ではなく、トップの意思が全学的に伝達される階統的

な組織構造です。

　多くの国立大学は成果連動配分を実施し始めています。国が運営費交付金の配分に用いられる指標をそのまま適用して、各部局への予算配分が実施されています。これは、部局の行動や成果を全学的目標に沿うように誘導する試みと言えます。教育の質保証についても、学長などをトップとするピラミッド型の組織を構築している大学も少なくありません（p. 139）。教員個人に対する勤務評価も、国立大学ではごく当然のものになっています。

　しかしながら、大学が本質的に企業や官庁などとは異質な組織ですから、このような動きには自ずから限界があります。すでに何度も指摘しましたように、大学の産み出す知的生産物の多くは、不定形・質的（個数などで計算できない）で、かつ非貨幣的（価格で表示できない）です。もちろん、論文数や特許の取得数など計数的な扱いが可能な部分もありますが、重要なことは、量より質で、社会に対して貢献していることです。しかも、成果物の形態が多種多様ですから、一律に適応できる尺度は存在しません。さらに、成果の現出が長期間に及び、所定の業務期間の枠内には収まらない例が多数あります。

　以上のような大学の特殊性を考えた場合、経営管理的統制が大学統御システムの主役にはなり得ません。

《注》

(1)　Clark, B.R.（1983）*The Higher Education System: Academic Organization in Cross-National Perspective*, Berkeley and Los Angels: California University Press.

(2)　Austin, I., Jones, G.A.（2016）*Governance of Higher Education: Global Perspectives, Theories, and Practices*, New York: Routledge p. 72

(3)　(1) p. 142の図を参考に著者が作成

(4)　独立行政法人大学改革支援・学位授与機構編著（2017）『グローバル人材教育とその質保証―高等教育機関の課題』大学改革支援・学位授与機構高等教育質保証シリーズ、ぎょうせい　pp. 98-101

⑸　Dobbins, M., Knill, C.（2014）*Higher Education Governance and Policy Change in Western Europe: International Challenges to Historical Institutions*, Basingstoke: Palgrave Macmillan

⑹　Blümel, A.（2016）*Von der Hochschulverwaltung zum Hochschulmanagement: Wandel der Hochschulorganisation am Beispiel der Verwaltungsleitung*, Wiesbaden: Springer p. 41

⑺　de Boer, H. et al.（2007）"On the Way Towards New Public Management? The Governance of University System in England, the Netherlands, Austria, and Germany," in Dorothea J.（ed）*New Forms of Governance in Research Organizations: Disciplinary Approaches, Interfaces and Integration*, Dordrecht: Springer pp. 137-152

⑻　組織においては、制度上の規定と運用の実態とは乖離するのが常態である。たとえば、学長が規定上は彼に与えられている命令的な権限を実際には行使せず、旧来の合議制的な意思決定を尊重するケースが多い。イコライザー論における統御要素の記述は、あくまでも制度面に関するもので、取りあげられるのは規定上の学長権限のみである。

⑼　分野別認証評価は、教育プログラムの評価を実施している。しかしながら、分野別認証評価は、専門職大学院・大学を対象に実施されているもので、一般の大学院・大学は対象となっていない。

⑽　両角亜希子（2018）「大学の組織」東京大学大学経営・政策コース編『大学経営・政策入門』東信堂　p. 69

⑾　文部科学省　競争的研究費改革に関する検討会　データ集　https://www.mext.go.jp/b_menu/shingi/chousa/shinkou/039/shiryo/__icsFiles/afieldfile/2015/03/04/1355560_15.pdf p. 6

⑿　令和5年度国立大学法人運営費交付金「成果を中心とする実績状況に基づく配分」について　https://www.mext.go.jp/content/20230329-mxt_hojinka-100014170.pdf

⒀　QS世界大学ランキング2024　https://reseed.resemom.jp/article/2023/06/29/6687.html

⒁　EUROPEAN UNIVERSITY ASSOCIATION（2002）https://www.eua.eu/downloads/content/belgian_statutess_en_2013_final.pdf.pdf

⒂　Puvot, E.B. et al.（2023）*University Autonomy in Europe: The Scorecard*

2023, Brussels: EUA 2023, 19

⒃ 独立行政法人大学改革支援・学位授与機構編著（2019）『高等教育機関の矜持
　　と質保証─多様性の中での倫理と学術的誠実性』大学改革支援・学位授与機
　　構高等教育質保証シリーズ、ぎょうせい　pp. 142-143

⒄ Heinze, R.G. et al.（2007）*Hochschulräte als neues Steuerungsinstrument?:
　　Eine empirische Analyse der Mitglieder und Aufgabenbereiche*, Dortmund:
　　Hans-Böckler-Stiftung

⒅ Hüther, O.（2009）"Hochschulräte als Steuerungsakteure?", *Beiträge zur
　　Hochschulforschung*, 31-⑵, 50-71

⒆ ⒄ pp. 39-40

⒇ ⒄ p. 41

第3章

多元的競争

　日本の大学統御システムの改善には、外部統制、経営管理的統制、競争の三つの統御要素が鍵になります。第2章第3節では、前二者は統御システムの主役にはなれないという結論に達しました。そこで、競争がもっとも有効な統御要素と考えて、この章の議論を進めます。

　競争は、大学の自律を促進しつつ、同時に大学に対するコントロールを可能にします。アギオンら[1]は、競争と自律は表裏一体であると述べています（コラム2-8）。

コラム 2-8

　競争環境なしに大学の自律を拡大するのは無意味で、危険でさえある。逆に、競争に対応するための**自律を与えずに大学間競争を促しても意味がない**。

　わが国では競争という考えは、大学人の間ではあまり歓迎されません。むしろ、拒否感が強いと言うべきでしょう。しかし、競争が物事の改善に資することは自明で、「競争のないところに進歩はない。」ことは、学問研究に携わる大学人なら皮膚感覚ではないでしょうか。

　競争が拒否される理由は、現在のわが国の大学間競争のあり方に原因があるものと思われます。多くの大学人は付随する弊害に辟易するあまり、競争そのものを否定するようになったのではないでしょうか。本章では、高等教育にふさわしい競争のあり方を議論します。

第１節　日本の大学間競争

　学問研究の世界では、研究者個人が互いに研究成果で競争することは大昔から続いてきました。しかしながら、高等教育機関としての大学同士が競い合うべきという考えが登場したのは、国際的にみても、おおよそ1980年代から二十世紀末以後です。わが国では、おそらく2001年（平成13年）に、当時の遠山敦子文部科学大臣が発表した大学改革方針「遠山プラン」が最初でしょう（表2-9）。これは国立大学法人化の原点となった文書で、それ以後の高等教育政策や体制が、これに則して構築されてきたことが読み取れます。そこには大学に「競争原理を導入する。」と明記されており、大学間競争の考えがこのとき登場したと考えるのが自然でしょう。

表2-9　大学（国立大学）の構造改革の方針（通称「遠山プラン」）

1.　国立大学の再編・統合を大胆に進める。 　○各大学や分野ごとの状況を踏まえ再編・統合 　　・教員養成系など　→　規模の縮小・再編（地方移管等も検討） 　　・単科大（医科大など）　→　他大学との統合等（同上） 　　・県域を越えた大学・学部間の再編・統合など 　○国立大学の数の大幅な削減を目指す 　　　　　　→　スクラップ・アンド・ビルドで活性化
2.　国立大学に民間的発想の経営手法を導入する。 　○大学役員や経営組織に外部の専門家を登用 　○経営責任の明確化により機動的・戦略的に大学を運営 　○能力主義・業績主義に立った新しい人事システムを導入 　○国立大学の機能の一部を分離・独立（独立採算制を導入） 　　・附属学校、ビジネススクール等から対象を検討 　　　　　→　新しい「国立大学法人」に早期移行

3.　大学に第三者評価による競争原理を導入する。
　　○専門家・民間人が参画する第三者評価システムを導入
　　　・「大学評価・学位授与機構」等を活用
　　○評価結果を学生・企業・助成団体など国民、社会に全面公開
　　○評価結果に応じて資金を重点配分
　　○国公私を通じた競争的資金を拡充
　　　→　国公私「トップ30」を世界最高水準に育成

　わが国の高等教育では、行政による規制（国家規制）が、先進諸国と比較して、強くなっています。具体的には、大学設置基準による新規参入の制限です。大学の新設や学科等の改編には、大学設置基準の審査が義務づけられています。法令による大学立地制限も同様の効果をもちますし、学生定員管理もきわめて厳格です。国立大学の入学金や授業料についても、文部科学省によって標準額が定められおり、基本的には、すべての国立大学が同じ金額です。このような事情から、日本では大学間競争の主要部分は、予算や補助金などの公的資源の獲得をめぐる競争です。この競争も、自由に展開する条件が整っているとは言い難い状況で、大学間の固定的な格差が、健全な競争の阻害要因となっています。

　国立大学運営交付金は、①過去の実績をもとに算定される基盤的な部分、②各国立大学が担う特有のミッション実現のために必要な部分、③各国立大学の実績状況等に基づいて配分される三要素から成り立っています[2]。このうち、競争となるのは、②および③の中の成果連動配分です。国立大学法人評価においても、評価結果の良否がある程度、運営費交付金の配分に反映されます。一方、競争的補助金の場合は、諸大学からの応募を審査して採否を決定する手順自体が競争の場です。

　これらの競争に共通することは、判断に資するエビデンスとして重要業績評価指標（Key Performance Indicators, KPI）が重視されます。KPIは、組織の目標達成の度合いを定義するために補助となる計量基準群[3]で、大学の

現状を示すものとして使われます（コラム2-9）。これは、過去の目標値の達成状況をみる場合もあれば、今後の事業進捗が期待できるか否かの判断、適宜KPIの目標値を達成しているか否かの判断などにも使われます。いずれにしても、大学は膨大な計数的データや目標値の提出が求められますから、現場には大変な負担となっています。大学人の間での競争への拒否感につながる原因の一つとなっていることは間違いないでしょう。

コラム 2-9

重要業績評価指標（KPI）は、
・組織の**目標達成の度合い**を定義する**補助となる計量基準**である。
・**現在の大学の状態**を示すものとして使われ、**今後の対応策**の予測にも使われる。
・**定量的計測が難しい項目**（リーダーシップ育成、サービス、顧客満足度等）の**定量化**に使われる場合が多い。

KPIは、基本的には数値目標の管理ですから、当然限界があります。しかしながら、社会に対する説明責任を果たすためには重要な位置づけにあることは疑問の余地はありません。多元的な競争のためには多元的な評価指標が必要ですから、各大学は自らの諸活動を適切に評価するための指標を開発すべきです。教学マネジメントに絞って、KPIの重要性をまとめました（図2-6）。この図で強調したいことは、第一部第3章第2節（pp. 53-56）でも言及しましたように、インスティテューショナル・リサーチ（IR）機能（部門）の重要性です。一般的に、わが国の大学におけるIR機能は非常に脆弱です。このため、競争的資金の獲得ごとにKPI作成に追われることになっていますし、他大学のKPIをそのまま参考にする事態となっています。KPIは、各大学の個性を社会にアピールする重要なツールであるという認識が肝要です。学長や学部長のリーダーシップを支えるためにもIR機能の充実は、日本の大学にとって喫緊の課題です。IR機能は、教学に限ったものではなく、研究マネジメントやその他の活動マネジメントに不可欠です。

図2-6　教学目標および評価指標（KPI）の設定とIRの役割

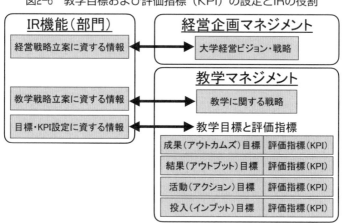

　公的資源の配分競争はもちろん諸外国にもあります。ドイツの大学への成果連動配分の調査によると、ドイツでは、わが国ほどには数字や指標が問われることはありません。日本の運営費交付金で成果連動配分に使われるいわゆる「共通指標」は、教育、研究、マネジメントと多方面にわたる11項目の指標セットです[4]。一方、ドイツではこうした配分で用いられるのは事実上、2項目の単純な指標のみです。

　わが国のエビデンス重視の端的な例は、国立大学法人の中期目標・計画制度です。この制度では以前から、目標管理よりも執行管理の性格が強い傾向がありました。つまり、目標の達否そのものよりも、目標達成の手段である個々の取組に注目して、それぞれの進捗状況を検証する傾向です。第4期中期目標期間（2022〜2027年）では、この傾向がさらに強まりました。すなわち、中期計画に掲げた個々の取組には、その取組の成果を評価するための指標を記載することになりました。この評価指標は、取組を厳密に評価する趣旨から、計数的、あるいは具体的内容のものが求められています。中期目標・計画の最終的な評価を受ける際に、これらの取組の評価結果が重要です。各取組の評価結果が中期計画、さらに中期目標についての評価へと積み

上げられ、中期目標・計画全体の評価へとつながります。しかし、今まで何度も指摘しましたように、学術では計数的な成果測定には限界があります。執行管理を強行することによって、学術を数字の窮屈な枠に押し込め、その健全な発展の芽を摘みかねません。

　ドイツで中期目標・計画に相当するのは業績協定ですが、その対応はかなり異なります。この協定は基本的に質的な事項が多く、数値指標はあまり含みません。業績協定は目標管理の原則を尊重し、目標の達否が問われるだけで、どのような取組を選び、どのように実行するかは大学の裁量範囲とされています。

　日本のエビデンス重視は、おそらく政府全体としても証拠に基づく政策（Evidence-Based Policy, EBP）を進める流れによるものと思われます。情報やデータなどの合理的根拠をもって政策立案を行うこと自体は重要な作業であり、政策に関する説明責任を果たす上でも必要な作業です。ただ、EBPの社会工学的操作の活用の可能性や手法を含めた検討が不十分なまま高等教育に適用されているところに問題があります。

　今のエビデンス重視には、「大学の自律を損なう」という大きな弊害が垣間見えます。「終わりよければすべてよし」の目標管理が本来の原則だったはずが、途中の進捗を細かに管理する執行管理化していますので、現場が自らの裁量で手段の選択を行う余地はほとんどありません。取組や計画は通例、大学側の提案を基にはしていますが、最終的に確定する際には、文部科学省の承認が必要です。さらに「共通指標」などは文部科学省が決定したものです。これでは、コラム2-7（p. 98）に示した状況ではなく、「競争」とはいいながら、その実態は国家規制色が濃くなっています。

　わが国の高等教育の問題点は、ヒト・モノ・カネの資源や研究力等の点で、固定的な大学間格差があることです。「旧七帝国大学」など巷で囁かれるように大学の序列構造があり、それが固定化しています。たとえば、研究力について実証的な国際比較を行った豊田[5]は、「日本の大学の格差の傾斜は、世界の先進国中でダントツに激しい。」と指摘しています。財政につい

111

ても、旧帝大等の有力大学とそれ以外の大学との間で二極分化が進んでいると指摘されています[6]。このように競争条件が不平等では、十分な競争は成り立ちません。

　このような固定的状況は、日本固有の現象で、これがわが国の高等教育の国際的位置づけの低下につながっていることが懸念されます。たとえば、日本の研究力の現状と課題を分析したレポートによれば、日本では分野を問わず論文数で上位の大学の顔ぶれが固まっているのに対して、ドイツでは分野によって上位大学が異なっています。世界大学ランキングでも、同じような傾向が窺えます。たとえば、Times Higher Education（THE）社の世界大学ランキング[7]の上位100位に入る日本とドイツの大学を比較すると、日本は東京大学と京都大学の指定席で他大学は登場しませんが、ドイツでは、ある程度常連の大学はあるものの、出入りや順番に変動があります（表2-10）。ドイツでは、各大学が自大学の状況を分析した上で、変革すべき方向性を明確にし、組織全体として変革に取り組んでいることが示唆されます。図2-6に示したIR機能が十分に活用された結果と推測します。

　最近の補助金事業では、とくに大規模な事業においては、結果としていわゆる有力大学が選定される傾向があります。もちろん、地力があるからこそ競争を勝ち抜いて選定されるわけですが、結果的には格差構造の追認・強化につながっていることは否定できません。もちろん、政策的な課題は大きいのですが、わが国の伝統的なタテ社会の習慣に根ざした「各大学の個性のアピール不足」も要因の一つではないでしょうか。

　以上をまとめると、日本の大学統御システムでは、国家統制が非常に強く、予算や補助金獲得の競争が中心となり、質的な競争には至っていないと判断できます。予算や補助金をめぐる競争も固定的な格差構造を追認する場合が多くなっています。わが国の高等教育が、国際的地位を確保するためには、積極的な「質による競争」を進める必要があります。

表2-10　THE世界大学ランキングの上位100位以内の日本とドイツの大学

2012年		2017年		2022年	
順位	大　　学	順位	大　　学	順位	大　　学
27	東京大学	30	ミュンヘン大学	32	ミュンヘン大学
48	ミュンヘン大学	39	東京大学	35	東京大学
54	京都大学	43	ハイデルベルク大学	38	ミュンヘン工科大学
70	ゲッティンゲン大学	46	ミュンヘン工科大学	42	ハイデルベルク大学
78	ハイデルベルク大学	57	フンボルト大学	61	京都大学
99	フンボルト大学	75	ベルリン自由大学	73	シャリテ医科大学
		78	アーヘン工科大学	74	フンボルト大学
		82	ベルリン工科大学	78	テュービンゲン大学
		89	テュービンゲン大学	83	ベルリン自由大学
		91	京都大学		
		95	フライブルグ大学		

第２節　ポストNPM

　アメリカ合衆国などでは、競争が高等教育の発展に大きな役割を果たして
きました。競争を大学統御の鍵として重視したのはNPM（第１章第３節
pp. 77-83）です。NPMは、高等教育が直面する諸問題の処方箋として、多
くの国で採用されました。しかし、二十世紀末に導入されてから数十年が経
過し、その神通力はかなり失われてきました。NPMが高等教育政策の主導
的理念として適切か否かに関しては、議論されています。

　NPMに対する全般的な批判の第　は、NPMのめざした効果の実現状況で
す。NPMの眼目は、現場組織に権限を委譲して自立的な経営単位とするこ

とでした。この権限委譲によって、お役所的手続が削減され、業務の効率化が実現されるはずでした。しかし、必ずしも目論見どおりに進んでいないことが明らかになっています。たとえば、小規模な経営体の林立によって公共サービスが小間切れになった結果、コスト増や業務の重複が目立つようになりました。また、個々の経営体の業務が適正か否かをチェックするための行政事務手順が増え、むしろ官僚制的な管理が強まったと感じられるようにもなりました。このような弊害に対して、公共サービスの提供体制を見直す動きが始まっています。

　高等教育に関しても、NPMに対する懐疑は強くなっています。たとえば、成果連動配分では、業績によって予算面で応報することで、教育研究上の業績を刺激するインセンティブが生まれるはずでした。ところが、研究者の間では「業績刺激作用が確認できない。」という意見が、大勢です[8]。少なくとも、積極的な刺激効果を確認できた研究はほとんどありません。その他の統御ツールについても効果を疑問視する意見は少なくなく、NPMは、実際的な政策ツールボックスというより実践とのつながりを欠いたイデオロギーにすぎないとまで論じる研究者[9]もいます。

　第二の批判点は、NPMの価値的な偏りです。NPMは、コストや経営効率など経済的価値を重視します。しかし、教育は安上がりであればそれでいいものでは決してありません。教育の目的は次代を担う世代の育成ですから、目の前の効率を重視するあまり、一部の階層・集団に高等教育へのアクセスが不平等になったり、民主主義社会を支える将来の市民を育成するための長期的な取組がおろそかになったり等の事態になっては大問題です。

　二十世紀は物質的豊かさが価値として重視され、発展・成長が目標とされましたが、二十一世紀社会では価値観が多様化しています。モノ中心の画一的な見方はすっかり後景に退き、価値観の多元化が進んでいます。これら多様な価値の中には、非経済的なものも少なくありません。環境と持続的発展、多様性と社会的包摂、公平と公正、地域社会と共生など、キーワードを思い浮かべるだけでそれは明らかです。このような変革にともなって、経済

一本槍のNPMでは、今後の高等教育をリードしていけるのかという疑念が
生じるのは当然です。

　このような状況をうけて、多くの論者がNPMの行き詰まりを意識するよ
うになりました。すでにNPMを超えようとする種々の提案があり、議論が
始まっています。たとえば、「ネットワーク統御」「新公共統御」「公共価値
的パラダイム」「デジタル時代統御」など、さまざまなモデルが提唱されて
います。しかしながら、まだスローガンだけが先行している段階で、いずれ
の提唱も中味がまだ十分煮詰まっておらず、相互の相違もはっきりしませ
ん。したがって、現実にどのような仕組みを構築するべきかについて、具体
的には定まってはいないのが現状です。

　それでも大まかな方向性は明らかです。高等教育に関しては、以下の二つ
が指摘できます。第一はステークホルダーのネットワークです。大学は価値
観の多様化という全般的な社会状況に直面していますが、それは具体的には
多様なステークホルダーとの関わりという形で現れます。大学の教育研究
は、これらステークホルダーとの協力・提携のもとで行われ、それらの多様
な価値観に向き合いながら進められます。統御の観点から言えば、ステーク
ホルダーのネットワークの中で大学が機能することが問われます。

　第二に価値の重視です。経済的効率だけでなく、場合によってそれよりも
優先すべき種々の価値を大学統御システムの中に組み込むべきです。教育の
もつ規範的な性格を自覚し、二十一世紀の社会的・地球的な課題に照応する
大学教育がめざす理念を明確にすることです。

　ポストNPMの議論は、NPMの欠点を是正しつつ、その展開を図るべき方
向で進んでいます。政府・省庁は、今までのように統御システム全体のコン
トロールに責任をもつ立場から、多様なステークホルダーの一つに変わりま
す。経済的効率の観点も多様な価値の一つの捉え方になりますし、同じよう
な意味で、国家規制もネットワークの中での一つの役割を果たすものとなり
ます。

　以上のように、大学統御システムの見直しが課題として浮上しています。

最近提起されたエンゲージメント論[10]は、大学と多様なステークホルダーの関係を重視する点（コラム2-5　p. 81）で、ポストNPM論と同じ発想に立っています。

　次の時代の大学統御を具体的にどのように構想すべきでしょうか。上述では、統御要素の中で「競争は大学の自律性と社会からのコントロールとを両立させうる仕組み」と述べました。ポストNPMの統御システムの中で、競争が果たすべき役割について次節で議論します。

第3節　大学間競争のあるべき姿

　ポストNPMの時代の大学間競争は、多元的であることが必要です。日本におけるこれまでの大学間競争は、公的資源の配分をめぐる競争が中心で、一元的な性格が強いものでした。第一に、優劣を判定する主体は行政のみで、第二に、判定の際の観点・基準が、主として教育研究の成果物についての「客観的」なエビデンスでした。

　このような一元的な競争は、大学が置かれた社会的状況に適合するものでは決してありません。再三述べましたように、大学は多様化・複雑化した使命を果たす中で、多種多様なステークホルダーと関わりをもつことが求められます。ステークホルダーごとに質の理解は異なり、教育研究の質の中味も多様なことの認識が重要です。二十世紀までの大学は、学問的な水準の高さという単一の質理解で評価されてきましたが、現代の大学ではそれは通用しません。

　教育の視点から問題点を整理しましょう。ある学生にとっては、学びへの欲求を満たしてくれる学修が大切でしょうし、他の学生は、就職に役立つ学修サービスに重点を置くかもしれません。将来の雇用主たる企業や団体は、自社の業務に役立つ人材を育ててくれる教育を歓迎します。教員は、自分の専門分野で後継者となる人材の育成を求めるでしょう。これら多様な質理解は、それぞれの立場と必要に応じた理解であり、大学はこれらに対応する必

要があります。もちろん、そのすべてを等しく斟酌すべきだと言っているのではありません。大学の主体性によって対応の軽重や取捨選択は当然です。

　質の理解が異なることは、必然的に質の優劣を測定する観点や基準も、優劣を判断する主体も異なることになります。競争の前提となる大学評価も、多様な質理解を反映した多元的な評価に基づく競争が望まれます。日本では伝統的に、一定の基準のもとで大学のレベルを判断する方向でした。「多元的な評価では、どの大学が優れているのか答えが不明ではないか？」という疑念が出るかもしれません。このような疑念の背景には、世界大学ランキングのような一覧表の影響もあるでしょう。そこでは、複数の観点からの評点を総合して単一の序列にまとめてあります。それを見れば、A大学とB大学の優劣は一目瞭然かもしれません。しかしながら、何度も指摘しましたように、社会のニーズが非常に多様化していますから単一の序列に収斂させることは不可能ですし、すべきではありません。

　世界大学ランキングでは、教育、研究、産業界との関係、国際化などの種々の観点が盛り込まれています。しかし、これらの観点の重要度は個人個人にとって異なります。研究者をめざす学生であれば、先端研究において世界一線級の業績を挙げているどうかが、関心事となります。就職に向けたキャリア支援サービスを期待する学生は、それを重視したランキングを求めるでしょう。おそらく総合的な大学ランキングは、余計な情報によって薄められた不適切な評価となる危険を秘めています。大学ランキングについては、本節の最後に再度議論します。

　ステークホルダーごとに関心が違いますから、大学に期待するものもステークホルダーごとに異なります。したがって、一律の評価ではない多種多様な観点からの評価が不可欠となり、個人個人が自らの関心に沿って取捨選択できる体制が望ましいことになります。換言すれば、不特定多数ではなく利用者を想定した評価結果の公表が求められます。これは、学界での研究業績をめぐる評価と類似しています。学界では研究者相互間で評価が行われますが、その観点・基準は多元的です。発想の大胆さを評価する視角もあれ

ば、実験手法の斬新さに注目する評価もあります。通説を大胆に批判した論文について、画期的だと賛嘆する者もいれば、暴論だと切って捨てる向きもあります。このような百家争鳴的な状況で、学界での評価と競争は行われています。

　多元的な競争には、大学の自律を促進し、高等教育の多様化を促進する効用があります。多様なステークホルダーから提示されるさまざまな評価軸の中から、大学は自学の経営戦略に沿ったものを選択できます。基礎研究に戦略を定める大学Aは、論文や特許などの指標をもつ評価を選ぶでしょうし、実践的教育による即戦力の育成を掲げる大学Bは、教育の内部質保証を重視する評価を選ぶでしょう。評価軸がまったく異なりますから、大学Aと大学Bを比較することは不可能ですし、無意味です。

　日本の伝統的な集団構造は、垂直的、固定的かつ直線的に構成された社会で、タテ社会とよんでいます（第一部第1章第1節　pp. 6-9）。このタテ社会では、組織間に壁を作り、それぞれの内部で基本的に年齢を中心とした部分最適化によって、固定的な格差序列が生まれました。二十一世紀では、異なる組織間で個別利害を超えた横断的な人材流動の回路を備えたヨコ社会の構築が不可欠となりましたから、高等教育の多様化が喫緊の課題となり、多元的な評価軸と競争が求められています。

　多元的な競争は、大学経営の戦略化を促します。大学は、自主的にどの評価軸を追求するかを選択しなければなりません。評価軸の選択によって、それに沿った学内での重点設定が必要となります。重点設定は、特定分野への資源の「集中と選択」を意味します。個別大学レベルでは、教育研究の絞り込みが行われますが、高等教育全体からみると、多様性が産まれることによる国際競争力につながります。上述の大学Aと大学Bが大学間で使命を分担することによって、基礎研究も実践的教育も提供されるわけで、各ステークホルダーの選択の幅が広がることになります。これを「分権的な集中と選択」とよぶことができます。しかもこの多様性は、上からの種別化ではなく、大学の自主的選択による多様化です。

　このような独自性形成による競争は、以前からわが国の高等教育政策の要の一つです。文部科学省の大学改革方針[11]には、コラム2-10の記述があります。問題は、政策を実現するのに必要な競争環境が整っていなかったことおよび大学構成員の意識改革が進んでいなかったことでした。大学が規制緩和を通じて高度な自律を認められるわけですから、それにともなう責任が生じます。自律は、当然自らを律する責任と表裏一体です。

コラム 2-10

・高等教育がめざすべき姿を踏まえつつ、今後の**進むべき方向性を改めて確認し社会に提示する必要がる。**

・国立大学において、**自丰的な発想によりそれぞれの特色に応じた積極的な大学経営**を行うことを期待する。

・従来の発想にとらわれず、**未来を見据えて大胆に改革**していく必要がある。

　最後に大学ランキングの問題に話を戻します。ドイツでは、公的機関が率先して大学に関するランキングを発表しています。ドイツ研究振興協会（日本の学術振興会に相当）は、「DFG助成アトラス」と称する外部資金獲得に関するランキングを定期的に公表しています[12]。フンボルト財団は、同財団の助成で実現したドイツの大学・研究機関の国際化に関する実績をランキングしています[13]。ドイツ学長会議の肝煎りで設立されたシンクタンク「高等教育推進センター」は、有力紙『ツァイト』と共同で、大学進学希望者向けの大学ランキングを公表しています[14]。最後に掲げたランキングの特徴は、双方向的な点です。閲覧者が観点を選ぶと、画面上にはその観点での優劣に従って大学が並びます。個々の閲覧者の関心に沿ったテーラーメイドのランキングです。

　わが国でも大学ランキングは少なくありません。イギリスの教育専門誌『Times Higher Education（THE）』が、ベネッセグループとの協力により「THE日本大学ランキング」を2017年から毎年公表しています。このラン

キング指標は、「教育リソース」「教育充実度」「教育成果」「国際性」の四分野で、学生の学びの質や成長性に焦点を当てています。他にも、入試偏差値、学生への面倒見、就職力など、多様な観点でのランキングがあります。

　現在20カ国以上の国で、一元的な序列のランキングから多元的なランキングまで多様なランキングが行われています[15]。これらランキングの質の面での保証については、「ベルリン原則」（表2-11）とよばれ高等教育ランキングのガイドラインが公表されています[16]。このガイドラインは、継続的にランキング・システムの改善と評価を行う上で役に立つグッド・プラクティス（良い実践）を中心としたもので、ランキングの目的・目標、指標のデザインと重みづけ、データの収集と処理、そして、ランキング結果の呈示などについての原則が提示されています。

表2-11　高等教育機関のランキングに関するベルリン原則（要約）

A）ランキングの目的と目標

1. ランキングは、高等教育における資源投入、進捗、成果を評価するための多数の手段のうちの一つたるべきである。
2. ランキングは、その目的と対象集団を自覚すべきである。
3. 教育機関の多様性を認識し、機関によって使命や目標が異なることを斟酌すべきである。
4. ランキングの情報源について明白にすべきである。
5. ランキングの対象となる教育制度の言語・文化・経済・歴史的な状況を明示すべきである。

B）指標の設計と重みづけ

6. ランキング作成の方法（たとえば、指標の計算やデータの出所など）について透明性を担保すべきである。
7. 指標はその重要性と有効性を基準に選択すべきであり、入手の便宜等によるべきでない。
8. できるだけインプットでなく、アウトカムを測定すべきである。
9. 諸指標への重みづけを行い、重みづけは頻繁に変更すべきでない。

C）データの収集と加工

10. この原則の示す倫理基準と推奨優良事例に適切な注意を払うべきである。

11. 可能なかぎり、確認済みで検証可能なデータを用いるべきである。

12. 科学的データ収集の手順に従って収集されたデータを用いるべきである。

13. ランキング作成過程に質保証措置を適用すべきである。

14. ランキングの信頼度を高める組織的な措置（たとえば諮問機関、監督機関など）を講じるべきである。

D）ランキング結果の公表

15. ランキングに用いられたすべての要素をユーザーに明確に理解させ、ランキングがどう表示されるかの選択を彼らに与えるべきである。

16. 原データの含む誤謬を除去するようにランキングは作成・公表すべきである。

Berlin Principles on Ranking of Higher Education Institutions（2006）https://www.ihep.org / wp - content / uploads / 2014 / 05 / uploads _ docs _ pubs _ berlinprinciplesranking.pdfを著者が要約

　ランキングは、大学の多様な諸活動を評価する手法の一つであり、大学のある側面を捉えて順序づける行為です。ランキングは、大学についての比較可能な情報によって、理解を高めるものであり、大学全体がどのようなものであるかを評価するための手段にはなりません。また、基本的には市場に基盤をおく見方を示したものであるといえます。したがって、大学自身、政府や質保証機関の業務を補完する位置づけとして考えるべきです。利用にあたっては、それぞれのランキングの目的や性格を明確に理解する必要があります。

　多元的競争が適正に展開すれば、国家規制もエビデンスによる拘束もなしに、競争による統制が大学を望ましい方向に統御することが可能になります。

《注》

⑴　Aghion, P. et al.（2009）*The Governance and Performance of Research Universities: Evidence from Europe and the U.S.*, Cambridge, MA: National Bureau of Economic Research

⑵　文部科学省　第 4 期中期目標期間における国立大学法人運営費交付金の在り方について　https：／／www.mext.go.jp／content／20210624_mxt_hojinka_000016041_1.pdf

⑶　Parmenter, D.（2007）*Key Performance Indicators*, John Wiley & Sons

⑷　文部科学省　令和 5 年度国立大学法人運営費交付金「成果を中心とする実績状況に基づく配分」について　https://www.mext.go.jp/content/20230329-mxt_hojinka-100014170.pdf　文部科学省は、「配分指標」と称していますが、大学や関係団体では「共通指標」とよんでいます。

⑸　豊田長康（2019）『科学立国の危機――失速する日本の研究力』東洋経済新報社　p. 150

⑹　島一則（2022）『国立大学システム――機能と財政』東信堂　pp. 206-207

⑺　World University Rankings　https://www.timeshighereducation.com/world-university-rankings

⑻　Kivistö, J., Zalyevska, I.（2015）"Agency Theory as a Framework for Higher Education Governance," in Huisman, J.（eds）*Palgrave International Handbook of Higher Education Policy and Governance*, Basingstoke: Palgrave Macmillan p. 143; Jongbloed, B., Benedetto, L.（2015）"The Funding of Research in Higher Education: Mixed Models and Mixed Results" *Palgrave International Handbook of Higher Education Policy and Governance*, p. 458

⑼　Kaufmann, B.（2012）*Akkreditierung als Mikropolitik: Zur Wirkung neuer Steuerungsinstrumente an deutschen Hochschulen*, Wiesbaden: Springer pp. 60-65

⑽　国立大学法人の戦略的な経営実現に向けた検討会議（2020）「国立大学法人の戦略的な経営実現に向けて――社会変革を駆動する真の経営体へ（最終とりまとめ）」https://www.mext.go.jp/content/20201225-mxt_hojinka-000011934_2.pdf

⑾　文部科学省（2019）『国立大学改革方針』https://www.mext.go.jp/a_menu/koutou/houjin/__icsFiles/afieldfile/2019/06/18/1418126_02.pdf

⑿　Förderatlas（2021）https://www.dfg.de/sites/foerderatlas2021/index.html

⑬　Humoboldt-Rankin（2020）https://www.humboldt-foundation.de/entdecken/zahlen-und-statistiken/humboldt-ranking#c18797

⑭　Wie möchtest du nach Studiengängen suchen? https://www.zeit.de/zustimmung?theme＝suma＆url＝https://studiengaenge.zeit.de/ranking/results?fachId＝43&hochschultyp＝1&abschlussart＝3

⑮　独立行政法人大学評価・学位授与機構編著（2014）『大学評価文化の定着—日本の大学は世界で通用するか？』大学評価・学位授与機構大学評価シリーズ、ぎょうせい　pp. 104-110

⑯　文部科学省資料「高等教育機関のランキングについて」https://www.mext.go.jp/b_menu/shingi/chukyo/chukyo4/003/gijiroku/06070601/010.htm

第三部
内部質保証マネジメント

　高等教育界では、「教育の質」への関心が高まっていますが、歴史的には1990年代以後の話です。きっかけは、経済協力開発機構（OECD）の科学技術委員会（1980年代）における教育の質保証（Quality Assurance of Education）に関する議論です。高等教育機関は多様でかつ自律性を有していますから、質保証プロセスの中で「内部質保証」が重視されます。ちなみに、大学機関別認証評価では、教育機関が内部質保証の制度と手順を整備して、それらが機能しているか否かが評価の重要なポイント（重点評価項目）となっています（https://www.niad.ac.jp/media/006/202206/no6_1_1_daigakukijunR2.pdf）。

　しかしながら、「内部質保証」に対する理解は、あまり深まっていないのが現状です。具体的に何をどうすれば内部質保証の実践になるのかを十分理解している教育機関は多くはないでしょう。「内部質保証」と銘うった制度や手順を定めている教育機関は多いのですが、その機能状況についてはかなり改善の余地があるようです。

　「質保証」とは、一般的にステークホルダー（利害関係者）に対して、約束どおりの財やサービスが提供されていることを証明し説明する行為をさします。したがって、「教育の質保証」とは、関係者に対して、教育機関がめざす目標に基づいて、教育が適切な環境の下で、一定の水準とプロセスで行われ、成果をあげていることを証明し、説明する行為をさします。教育機関自らが、質保証(内部および第三者)の結果に基づいて、諸活動の質の改善・向上を図り、説明責任（アカウンタビリティ）を確保することが、社会的な流れとなっています。

　この第三部では、教育現場の関係者に役立つ、内部質保証の実践的な示唆を議論します。議論を進めるにあたり、いくつかの教育機関の事例（公表されている情報）を紹介します。中小規模の教育機関の事例については、ほとんど公表された情報がなく、大規模教育機関の事例となりました。随所に中小規模の教育機関の参考となるコメントを記述しましたので、ご参考ください。とくに、第3章で紹介する動的質保証は、組織の規模に関係なく有効に活用できます。

第1章

教育の質と質保証の使命

　高等教育関係者の間で、質保証の内容や手法等は頻繁に論じられていますが、一歩踏みこんで、保証すべき質は何か？、質保証の目的は何か？については、あまり論議にはなっていません。これらの問題は、抽象的で議論のための議論の趣がありますが、質保証のあり方の認識にとって重要なテーマです。

第1節　教育の質とは？

　教育の質については、研究者の間でも議論百出で、整理がついていないのが現状です。この原因の第一は、教育の質には、インプット（投入）、アクション（活動、プロセスともいいます）、アウトプット（結果）、アウトカムズ（成果）などの次元が異なる質が存在することです（表3-1）。どの次元の質を重視するかによって、論点が異なります。

　インプットは、結果や成果を産み出すために投入される人的物的資源量、教育研究活動を円滑に実施するための制度や仕組み（インフラ）などです。教育機関では、教育研究組織、教育課程、開設授業科目、施設設備の整備、教員の資格、管理運営体制、財務状況などが主な指標として考えられます。

　投入された資源、制度・仕組み等のインフラを活用して、目的や目標の達成に向けて取り組まれる活動やその作業量がアクションです。授業方法・指導方法の工夫・改善および教員や学生の作業量・努力量などを中心とした教育研究活動の内容や実態などで、一般的には、講義、演習や実習などの教育活動に費やされる量、調査や実験などの研究活動、地域サービスや社会貢献などに費やされる活動量などです。インプットとアクションは、教育機関の

表3-1　次元の異なる質

対　象	具　体　的　内　容
インプット （投　入）	教育研究活動等を実施するために投入された財政的、人的、物的資源をさす。
アクション （活　動）	教育研究活動等を実施するためのプロセスをさす。計画に基づいてインプットを動員して特定のアウトプットを産み出すために行われる行動や作業をさす。
アウトプット （結　果）	インプットおよびアクションによって、大学（組織内）で産み出される結果をさす。一般的には数量的な結果を示すことが多い。
アウトカムズ （成　果）	諸活動の対象者に対する効果や影響も含めた結果をさす。学生が実際に達成した内容、最終的に身につけた資質・能力（知識、技能、態度など）。研究については、その結果の社会・学界等への貢献など。

潜在的能力の指標となります。大学や大学院の設置認可のための大学設置基準[(1)]や大学院設置基準[(2)]あるいは専修学校職業実践専門課程の認定要件[(3)]などは、事前審査ですから基本的には、インプットとアクションの質を審査しています。設置後のいわゆるアフターケア（設置認可時の留意事項への対応状況、学生の入学状況、授業科目の開設状況、教員の就任状況、施設・設備の整備状況、学校法人の管理運営状況などについて書類による報告を求め、必要に応じて審議会委員が面接または実地調査を行っています。）もインプットとアクションの質が中心です。

　これに対して、認証評価等の第三者評価（事後チェック）では、設置基準や認定要件を満たしている前提で、アウトプットやアウトカムズ（とくにアウトカムズ）の質が中心となります。アウトプットは、活動によって産み出された生産物を意味しており、生産物の量を示す用語です。たとえば、卒業した学生数、授与した学位や職業資格の数や授与率、就職率などの教育活動

の結果として産み出された量が指標となります。研究活動については、発表された論文数、著書の数、特許の申請数などが指標として利用されています。しかし、アウトプットは、活動が実施されたことを示すものであり、外形的な数値によって示す場合が多く、その質や水準に関しての情報は一般的には含まれていません。したがって、アウトプットそれ自体では、学修成果があがったのかどうか、優れた研究成果が得られたのかどうかなどの判断は難しいことになります。アウトプットが、活動状況を示す指標として一定の有用性をもっていることは事実です。しかしながら、これは諸活動の質の間接的な指標であり、これだけでは不十分であり、次に説明するアウトカムズの情報が必要です。最も卑近な例で説明しますと、発表論文の数が多いだけではなく、その内容が社会や学界にインパクトをもっていることが重要なのです。

　アウトカムズは、目標がどれだけ達成されたかを示すものであり、量的な指標であるアウトプットとは異なる概念です。教育機関においては、教育目標に掲げている人材育成や国際的に影響力のある研究業績などが、アウトカムズの指標です。すなわち、アウトカムズが教育機関の能力を活用した質の直接的な指標となります。学修成果は、カリキュラムにもとづいた学習のみではなく、課外活動やボランティア活動などからも得られます（図1-13　p. 55）。また、その成果は大学卒業後に直ちに現れるものとは限りません。卒業してから数十年もたった後に、大学で受けた教育が活かされていることに気がつく場合も多々あります。研究活動についても、数十年以上も前に発表された研究業績に対してノーベル賞が授与された例も枚挙のいとまがありません。すなわち、教育研究活動については、評価が定まるには相当な年数がかかることは珍しいことではありませんし、短期的な評価と長期的な評価が異なることもあります。とは言っても、教育機関は自らのアウトカムズを社会に示し、説明責任を果たすことが求められます。

　第二に注意すべきは、教育の質は、ステークホルダーの立場によって異なる点です（表3-2）。学生の多くは、卒業後の就職にプラスになる教育を期待

するでしょう。学生を雇用する側である企業や団体の関心事は、仕事に役立つ能力育成のはずです。また、研究を重視する教員は、当該学問分野の知識やスキルの学生への伝授を期待するでしょう。

表3-2　インプット、アクション、アウトプットおよびアウトカムズの内容

	インプット	アクション	アウトプット	アウトカムズ
学生の背景	入学試験の成績、性別など	提供される教育プログラム、サービスなど	学生の成績、卒業率、就職率など	学生が身につけた知識、スキル、能力など
教員の背景	教育組織、年齢、学位など	教員の教育負担、クラスサイズなど	授業回数、論文数、FD活動など	教員の能力改善、論文の引用数など
教育資源	施設設備、蔵書数など	教育目的、学則、管理運営体制など	設備の利用状況、FDやSDへの参加状況など	学生の学習、成長、成功など

ステークホルダーのニーズに対応した学修

　高等教育はユニバーサル段階（p. 69）に達していますから、ステークホルダーも多種多様です。これらステークホルダーは、相異なる利害関心をもち、高等教育への期待も異なりますから、求める質もそれぞれ異なります。高等教育機関は、社会に開かれ、社会から期待された使命を果たす存在ですから、これら多様なステークホルダーの期待する質を尊重した対応が求められます。

　さりとて、多様なステークホルダーの唱える質すべてに応えることは不可能です。教育機関は、組織として追求する質を能動的に集約しなければなりません。この集約作業は、学修成果（ディプロマ・ポリシー）の設定過程を通じて行われます。学修成果の設定によって、何を学ぶかという目標が明確

になります。教育目標は、教育機関の責任で定めるものですが、教育機関や担当教員が勝手に決めるものではなく、種々のステークホルダーの意見や立場を尊重することが肝要です。

　個々の学生の能力や置かれた状況を勘案し、彼らの関心や要望を考慮することが肝要です。雇用者側の期待や要望も考えるべきです。卒業後の学生の長い人生を考えれば、職業人としての能力・適性は重要な要素ですし、そこに雇用者の意見が反映されるのは当然です。職業人であるだけでなく、学生は将来、社会を支える自立した市民でもあります。市民社会の担い手としての能力・適性を修得することも、社会全体にとって重要なことです(図3-1)。

図3-1　多様なステークホルダーと学修成果

　このように、学修成果が質保証の鍵となり、ステークホルダーと学修成果の関係が重要な視点となります。多様なステークホルダーの意見や要望を学修成果に集約する試みが、ヨーロッパでは積極的に行われています。これが、「チューニング」とよばれる全欧的な高等教育のプラットフォームを作る活動です。この活動では、種々の教科についてコンピテンシー(資質や能力)や学修成果を設定する作業の際に、卒業生や雇用主に対するアンケート調査結果を反映させることが重視されています[4]。

DX社会が求める高等教育の質

　第一部で議論しましたように、DX社会がヒトに求める能力は、二十世紀までの産業社会のそれとは異なります（表3-3）。したがって、社会に直接つながっている高等教育の質についても、産業社会とは異なる視点が必要となります。

表3-3　DX社会と産業社会に求められる能力の比較[5]

DX社会	産業社会
人間力・時代を生き抜く力	基礎的な学力
ネットワーク形成力・交渉力	協調性・同質性
多様性	標準性
個性あるいは個別性	共通尺度での比較可能性
能動性	順応性
新しいものに挑戦する意欲・創造性	知識量・知的操作の速度

　「質」の問題を考える際に、伝統的に、あらかじめ定まった実体あるものを想定する傾向があります。たとえば、特定の知識・スキルの修得を強調する考えです。この場合、それらの知識・スキルを修得できるカリキュラムが「質の高い教育」になります。大学改革をめぐる最近の議論も例外ではありません。たとえば、経済界の意見[6]によれば、「各分野で学ぶべき基本的な知識や素養」を学生が修得したかを「公平かつ客観的な評価」で検証し、しかもこの検証結果を大学間で比較可能にすべきだと述べています。質をかなり実体的に理解していることがわかります。

　もちろん、知識やスキルが「質」を考える上で重要な要素であることは間違いありません。しかし、表3-3で示したとおり、DX社会では、人間力、交渉力、能動性、創造性（包括的に「コンピテンシー」とよばれています。p.41）などかなり抽象的な能力の質が問われます。

　注意すべき点は、高等学校までと違って、大学教育では教育と研究（専門

職高等教育では「実務」と置き換えて考えてください。）がつながっていることによって、学びは創造的・発展的な面が強調されることです。そのため、学修成果も当然、創造的・発展的な質を重視することとなります。大学での学修は「答えのない学び」と言われます。自ら問題を発見し、その解決に必要かつ適切な方法を探索し、その上で問題を分析して解決していくことです。予測困難な時代を切り拓くことができる問題発見型あるいは問題解決型の人材が強く待望されており、創造的な学修は以前にも増して重要です。ちなみに、上に紹介した経済界の意見でも、「知識やスキルに加えて、課題発見・解決力、構想力などの創造的なコンピテンシーが大事」と強調しています。

　このような創造的な能力は、基本的な知識やスキルと別建てで習得できるものではありません。知識やスキルの学習過程で、発見・解決力や構想力が身につくのです。研究とつながった創造的な教育を通じて、学生が能動的に自らの知的主体性と思考力を鍛えていくものです。

　以上の理由から、高等教育でも知識や能力が問われるとは言えども一義的・実体的に考えるべきではありません。小学校などでの学習指導要領のように、単元ごとにクリアすべき学習内容が定まっているわけではありません。高等教育における学修成果は、一定の範囲内において、幅広い解釈に開かれており、さらに学修自体の進展にともなって変わっていくものです。

　デューイ（アメリカ合衆国の哲学者・教育思想家）が提唱した問題解決学習法［Problem Solving Learning、課題解決型学習（Project Based Learning, PBL）とよぶことが多い。］は、学生の自発性を重視します[7]。学習を能動的なものと規定し、知識の暗記にみられる受動的な学習から脱却して、自ら問題を発見し解決していく能力を身につける学習法です。このような学生の自発的な成長を促すための環境を整えることが教育の役割です。演習の授業について、担当教員は、学期前の授業設計過程では、学生間の討論の展開を想定してスケジュールや参考文献を決めます。しかし授業が始まると、参加学生の関心のありようによっては、討論が想定とは異なった方向に発展するこ

とがあります。その時、教員は事前に定めたスケジュールや参考文献に固執すべきではなく、学生の自発性に柔軟に対処するのが本筋です(コラム3-1)。

コラム 3-1

高等教育は、**学生の自発性に柔軟に対処する**のが本筋で、あらかじめ定まった枠を重視して、学修をその中にむりやり押し込めるのは、むしろ有害である。

　以上の論点から、高等教育における学修を問う場合、静態的な実体と捉えるのではなく、動きのある過程として捉えるべきです。この場合、教育の良否すなわち質は、学修の内容自体よりも、望ましい学修を可能にする仕組みにあります。すなわち、学びのダイナミズムに応じて創造的・発展的な学修を可能にする過程が「優れた高等教育」と言えます（図3-2）。

図3-2　学修過程としての質

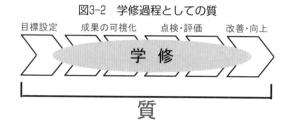

　このような理解に立つと、教育は学生の学びに沿って適応と改善・向上を繰り返すことになります。質を保証するとは、この適応と改善・向上が動作していることの確認となりますから、静態的実体の質保証に対して「**動的質保証**」とよびます。

第２節　質保証の二つの使命

　教育の質保証の使命について考えましょう。教育機関にとっては、良質の教育を学生に提供し、優れた人材の育成が最大の使命であり、存在意義でも

あります。自学の教育に教育機関が自ら責任をもつことは当然ですから、質
保証を通じて、教育の質を改善・向上を図る努力は、教育機関の責務となり
ます。

　質保証の第一の使命は、教育の質の改善・向上で、第二は、社会に対する
説明責任です[8]（図3-3）。公的な教育である以上、教育機関は、その教育の
質が所定の水準に達していることを、社会に説明する義務がありますし、第
三者評価（質保証）機関や行政はそれを検証しなければなりません。

図3-3　質保証の二つの使命

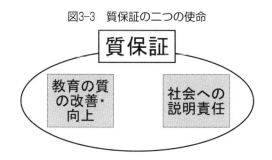

　説明責任は、ユニバーサル段階に達している高等教育では、以前にも増し
て強まっています。詳細は、第二部で述べたとおりですが、高度専門人材の
養成、次世代に向けたイノベーション、地域の社会経済への貢献など、教育
研究やその他の領域で、教育機関の社会的使命が拡大・複雑化しました。そ
れにともなって財政面でも、政府からの公的資金や企業などからの共同研究
費などが重要になりました。教育機関と社会のつながりが深まるとともに、
社会的責任も重くなりました。次世代を担う人材の育成が達成されているの
か、納税者のお金が良質の教育を進めるために適正に使われているのか等が
問われますから、教育機関はこれらの点を、多様なステークホルダーや一般
社会に対して説明する責任があります。質保証情報を公表することによって
説明責任が果たされます。「出口における質保証」論[9]などに、この見方が
端的に表れています。「出口」すなわち卒業時に、学生が所定の資質・能力

を修得していることを保証すべきとする意見です。

　このように質保証の使命を二つに分ける視角は、これまで明確には意識されてきませんでした。両者は截然（せつぜん）と区別できるものではなく、絡み合う面が多々あります。教育機関が説明責任を果たすためには、その教育の質が所定の水準に達していることを検証しなければなりません。検証の結果、想定された水準に達していないと判明した場合には、当然その教育機関には、改善を図る義務が生じます。すなわち、説明責任は改善・向上を暗黙裡に含んでいることになります。両者は互いに重複しますが、本書では敢えて両者を分けて議論します。その理由は、以下のとおりです。

　第一に、両者は必ずしも両立するとは限りません。むしろ質保証の実践場面では、両者が齟齬（そご）をきたすことは少なくありません。たとえば、説明責任の観点からすれば、教育活動の実態を「見える」化することが望ましいと考えられます。このためには、学生に対するアンケートを頻繁に行う、あるいは外部評価の審査深度を強めるなどの手を打つべきです。しかし、あまりに検証や審査の頻度が増えると、それらへの対応や準備の作業が膨大になります。期待される改善効果に対して、実施の手間暇ばかりが増えて、教育研究に取り組む上での妨げにもなりかねません。

　第二に、両者の主体が異なります。説明責任のための質の検証は、教育機関が自己点検・評価として行うこともあれば、外部評価機関が行うことも可能です。しかし、所定の水準が未達だと判明したとき、具体的な改善策を立案し実行するのは教育機関です。評価機関は、欠陥の所在を指摘するだけで、教育に第一義的に責任をもつのはその教育機関です。

　以上の二つの使命の優先順位はありません。両者を十全に果たすことが高等教育機関に求められています。

　最後に、質保証に関連する用語を説明します。わが国では、「質保証（quality assurance）」が広く使われていますが、外国では、これ以外に「質管理（quality management）」「質改善（quality improvement）」「質向上（quality　enhancement）」などの語も使われます。必ずしもそれぞれ明快な定義

があるわけではありませんが、上述の二つの使命に絡ませれば、「質保証」では説明責任に、他の三つでは質の改善・向上に比重があります。本書では、二つの使命を議論する立場から、本来であれば文脈に応じて「質保証」と「質管理」を使い分けるべきかもしれません。しかし、煩雑さを避けるために、「質保証」に一本化して用います。

第3節　内部質保証体制は機能しているか？

　質保証一般を説明しましたが、本節では内部質保証（コラム3-2）について考えます。中央教育審議会も内部質保証を「定期的な自己点検・評価の取組を踏まえた各大学における自主的・自律的な質保証への取組」と同じように定義しています[10]。定義の文言は明快ですが、内容がはっきりしないという声がよく聞かれます。おそらく、自己点検・評価との関係が明確ではないためと思われます。ちなみに、自己点検・評価は「自らの教育研究等の状況について自己点検し、現状を正確に把握・認識した上で、優れている点や改善を要する点などについて自己評価を行う。」と定義されています[11]。

コラム 3-2

　内部質保証とは、
　教育機関が、自らの責任で自学の教育研究活動等の**点検・評価**を行い、その結果をもとに**改善・向上**に努め、**教育研究活動等の質を維持し向上を図る**ことによって、**その質を自ら保証**すること。

　内部質保証は、自己点検・評価を含む、より広義の概念です（図3-4）。両者の差は、PDCAサイクルにおけるA局面の有無にあります。自己点検・評価は、PとDをうけて、Cまでを行う局面にあたります。しかし、実効ある改革・改善が実現し、PDCAサイクルが完結するには、最後のAが実施されなければ、「評価のための評価」に終わってしまいます。内部質保証の重要な点は、点検・評価結果と連動する改善・改革が実行され、その成果が広く

社会に公表・説明されるプロセスまで含まれています。自己点検・評価が現状の「把握」を目的とするのに対して、内部質保証には「質改善・向上」と「説明責任」に力点があります。

図3-4　内部質保証の全体像

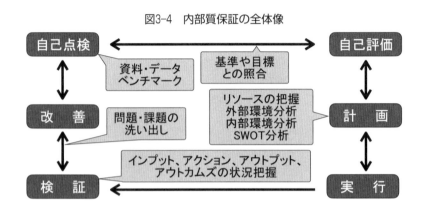

内部質保証の重視は、すでに機関別認証評価にも反映されています。大学改革支援・学位授与機構の機関別認証評価では、「内部質保証」が、重点評価項目に指定され、内部質保証の体制や手順が明確に定められ、それらが有効に機能しているか否かを評価しています[12]。他の認証評価機関でも、内部質保証について解説や方針を公にしています[13]。これらに共通している内容を表3-4にまとめました。

表3-4　内部質保証に対する諸認証評価機関の基本的な考え方

・質の保証は大学自身の責任であり、大学が自主的に行うものである。
・質保証の基礎となるのが、いわゆる三ポリシー(ディプロマ・ポリシー、カリキュラム・ポリシー、アドミッション・ポリシー)である。
・質保証は、教育プログラムを基本的な単位として行うべきである。

大学は、内部質保証にどのように取り組んでいるでしょうか。内部質保証に取り組む体制は個々の大学に委ねられており、その制度や手順は多様です

が、多数の学部を有する大規模大学には、一つの傾向が観られます。それは、全学を包括する形のピラミッド型の組織構築です（図3-5）。質保証のための全学的な組織が設置され、これを統括する最高責任者には通例学長があたります。その下に、組織を運営する実質上の責任者を置くことが多いのですが、教育担当理事が任じられる場合が多いようです。本部の事務機構（教務部など）が、この質保証組織を事務面から支援します。さらに、学内の諸部局から選出された教員が委員として質保証組織を構成するメンバーとなります。

図3-5　集権的質保証体制

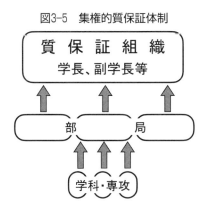

各部局内には「質保証委員会」のような組織が設置され、部局代表の委員を介して、全学の質保証組織に連なります。このようにして、学長から各部局の現場までつながる質保証ラインが構築されます。教育現場における質に関わる案件の情報は、このラインを通じて部局から本部へ伝達されます。案件は全学の質保証組織で検討され、最終的に学長のリーダーシップの下で対策が決定されます。決定された対策は、ラインを通じて教育現場に提示され、実行されます。

この集権的方式は、学長のリーダーシップの発揮によって、内部質保証の実践にトップの考えを反映させることが可能です。さらに、質保証に関わる

問題や情報が全学で共有されますから、教育機関全体のアセスメント・ポリシーに基づいた対応が可能となります。

　実践面で、多くの大学が実施している方式が、質保証作業をモニタリングとレビューの二段構えで行う方式です。モニタリングは、主としてアンケートや統計データ等による外形的チェックを行う作業です。モニタリング結果を受けて、質保証の本番として行われるのがレビューで、教育に伏在する問題を根本的・全般的に洗い出します。集権的な組織構築は大規模大学固有のものですが、モニタリングとレビューは、規模には関係なく有効な手段です。

　この集権的質保証体制には、問題があることは否定できません。根本的な問題は、質保証の二つの使命のうち、説明責任に比重がかかっていることです。学長がリーダーシップを発揮して学内の質保証をリードする姿は、外に向かっては説得的でしょう。しかし、個々の授業や科目に関する日常的な問題の対処には課題があります。

　説明責任に話を限っても、問題があります。第一に情報の輻輳です。ピラミッド型の組織は、小規模で学内の見通しがきく教育機関であれば有効かもしれません。しかし、学生が比較的多く、多数の学部や学科、専門分野をもつ教育機関では、多種多様の質保証案件が学内各所で頻発する中で、これらの情報をすべて本部に集約することによって、本部が情報の洪水に見舞われ、本部機能に支障をきたす懸念があります。第二に、意思疎通経路の長さです。ピラミッド型の組織では、情報や決定方針は教育現場と大学の頂点の間を行き来することになります。必要な対策を効率的かつ機動的にとることは容易ではないでしょう。対処に手間暇がかかるために学長のリーダーシップも空回りに終わりかねません。実際、この種の集権的体制をとっている大学からは、制度が形骸化しているとの反省の声が聞こえてきます。

　内部質保証に関する基本的な考え方（表3-4）は至極当然で、大学側も内部質保証の大筋は理解しています。しかしながら、これらの方針が教育現場で活かされる状況になるためには、意識改革と時間が必要です。たとえば、

わが国の大学では、学部や学科中心の組織運営が長く続いてきましたから、「教育（学位）プログラム」という考え方は、必ずしも定着していません。内部質保証体制を構築するために、どのような組織・人員、制度・手順が必要なのか検討が必要です。しかし、この体制構築を一大学の努力のみに頼ることは不可能であり、内部質保証体制に関する国全体の方向づけが求められているのが現状でしょう。

　そこで、ヨーロッパで行われている内部質保証の実例を参考に、学内認証（第2章）と動的質保証（第3章）を実践的モデルとして提案します（図3-6）。これらは、それぞれ質保証の二つの使命に対応しています。図では、複数の学部・学科あるいは教育プログラムを有する大規模教育機関を示していますが、基本的な考え方は、中小規模の教育機関でも同様です。

図3-6　学内認証と動的質保証による内部質保証

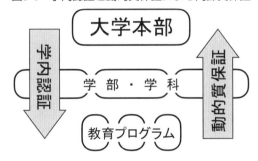

《注》

(1)　大学設置基準（昭和三十一年文部省令第二十八号）https://elaws.e-gov.go.jp/document?lawid＝331M50000080028

(2)　大学院設置基準（昭和四十九年文部省令第二十八号）https://elaws.e-gov.go.jp/document?lawid＝349M50000080028

(3)　文部科学省（2013）専修学校の専門課程における職業実践専門課程の認定に関する規程について　https://www.mext.go.jp/b_menu/shingi/chukyo/chukyo

2/siryou/__icsFiles/afieldfile/2013/09/30/1339979_4.pdf

⑷　フリア　ゴンサレス、ローベルト　ワーヘナール編著（2012）『欧州教育制度のチューニング——ボローニャ・プロセスへの大学の貢献』深堀聡子、竹中亨訳、明石書店

⑸　本田由紀（2005）『多元化する「能力」と日本社会——ハイパー・メリトクラシー化のなかで』NTT出版を参考に著者が作成

⑹　日本経済団体連合会（2022）「大学教育に関する経団連の考え方—文理融合・STEAM・リベラルアーツ教育、大学教育の質保証、情報公開」https://www.mext.go.jp/content/20220815-mxt_koutou01-000024441_1.pdf

⑺　ジョーン・デューイ著　市村尚久翻訳（2004）『経験と教育』講談社学術文庫

⑻　Williams, J., Harvey, L. (2015) "Quality Assurance in Higher Education" in Huisman J. et al. (eds) Palgrave *International Handbook of Higher Education Policy and Governance, Basingstoke: Palgrave* MacMillan pp. 506–525

⑼　文部科学省（2022）大学振興部会「出口における質保証」について（審議経過メモ）」（第7回配付資料）https://www.mext.go.jp/content/221205-mxt_koutou01-000026276_2.pdf

⑽　中央教育審議会大学分科会（2016）「認証評価制度の充実に向けて（審議まとめ）」https://www.mext.go.jp/b_menu/shingi/chukyo/chukyo4/houkoku/__icsFiles/afieldfile/2016/03/25/1368868_01.pdf

⑾　大学分科会制度部会（2006）第16回配布資料　https://www.mext.go.jp/b_menu/shingi/chukyo/chukyo4/003/gijiroku/attach/1415993.htm

⑿　大学改革支援・学位授与機構（2022）『大学機関別認証評価　大学評価基準』https://www.niad.ac.jp/media/006/202206/no6_1_1_daigakukijunR2.pdf

⒀　大学基準協会（2015）『内部質保証ハンドブック』；大学改革支援・学位授与機構（2017）教育の内部質保証に関するガイドライン　https://www.niad.ac.jp/n_shuppan/project/__icsFiles/afieldfile/2017/06/08/guideline.pdf；日本高等教育評価機構（2017）「内部質保証を重視した評価への転換——2018年度からの評価のポイント」https://www.jihee.or.jp/publication/news/201706.html；大学教育質保証・評価センター（2019）『大学機関別認証評価実施大綱』http://jaque.or.jp/wordpress/wp-content/uploads/2019/07/実施大綱.pdf

第2章

学内認証：教育プログラムの「見える化」と
改善・向上

　教育機関は、自らの教育の質が担保されていることを、社会に対して説明
責任を果たす義務があります。説明責任を果たすにはいろいろな方法があり
ますが、認証という形は、明快で説得的な方式の一つです。認証は「一定の
行為または文書が正当な手続・方式でなされたことを公の機関が証明するこ
と。（広辞苑第七版）」と説明されています。認証評価では、国の認証を受け
た機関（認証評価機関）が対象大学を認証するわけですが、組織内で各部署
の状況を判断するためにも学内認証は非常に有効です。この章では、後者の
学内認証について解説します。

第1節　学内認証とは？

　学内認証とは、教育機関自らが自学内の教育プログラムに関して、その教
育が適切に実施され、その質が所定の水準以上にあることを審査し、保証す
る仕組み・手順です。一般的に、教育機関は複数の教育プログラムを有して
いますから、機関共通のアセスメント・ポリシー[(1)]に基づいて各教育プログ
ラムの状況を把握するために学内認証は非常に有効な手段です。また、学内
認証は、認証評価に対応するための基本的な資料・データを提供するととも
に、自己点検・評価の機能もあります。

　しかしながら、教育機関が自学の教育プログラムを自ら認証することは、
「お手盛り」の審査となって、公平性、客観性、信頼性の点で疑念が生じま
す。社会のこの疑念を払拭するために、第三者による認証評価が制度化され

ているわけで、両者の組み合わせが重要です。また、学内認証は最低限の保証が趣旨となりますから、教育の質の改善・向上には、図3-6（p. 141）に示した動的質保証のような別のツールが必要です。

　第三者（外部）評価機関が高等教育機関における教育が所定の水準に達していることを認証する制度（以下「大学認証」とよびます。）が、ほとんどの国で運用されています。わが国の機関別認証評価がこれにあたります（図3-7）。日本を含めて大部分の国で大学認証は、評価機関が大学の教育を直接的に審査・検証する方式で実施されています。日本には、機関別認証評価の他に専門職大学院・大学を対象とした分野別認証評価があり、後者は教育プログラムの内容を評価します（表3-5）。

　間接的な方式を採用している国もあります。これは、教育の質を内容的に確認・保証すること自体は大学に任せ（内部質保証）、外部評価機関は大学の内部質保証の制度・手順が適正かどうかを検証する方式です。換言すれば、外部認証の審査対象は、教育機関における教育そのものではなく、内部質保証システムです。内部質保証の制度・手順が適正であれば、それに沿って行われる学内の判定も適正と想定されると判断するわけです。この間接的

図3-7　日本の機関別認証評価

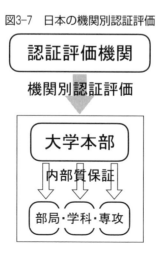

表3-5　機関別認証評価と分野別認証評価の相違点

機関別認証評価（７年以内に１回）	分野別認証評価（５年以内に１回）
イ　教育研究上の基本となる組織に関すること。 ロ　教育研究実施組織等に関すること。 ハ　教育課程に関すること。 ニ　施設及び設備に関すること。 ホ　卒業の認定に関する方針、教育課程の編成及び実施に関する方針並びに入学者の受入れに関する方針に関すること。 ヘ　教育研究活動等の状況に係る情報の公表に関すること。 ト　教育研究活動等の改善を継続的に行う仕組みに関すること（重点的に認証評価を行うこと。）。 チ　財務に関すること。 リ　イからチまでに掲げるもののほか、教育研究活動等に関すること。	イ　教育研究実施組織等に関すること。 ロ　教育課程に関すること（教育課程連携協議会（専門職大学設置基準第十条若しくは専門職短期大学設置基準第七条又は専門職大学院設置基準第六条の二に規定する教育課程連携協議会をいう。）に関することを含む。）。 ハ　施設及び設備に関すること。 ニ　学修の成果に関すること（進路に関することを含む。）。 ホ　イからニまでに掲げるもののほか、教育研究活動に関すること。

参考資料　専門職大学分野別認証評価関係法令　pp. 16-17

な大学認証は、オーディット型認証とよばれ、ドイツ、オーストラリア、台湾などで行われています。ドイツでは、オーディット型外部認証に対応する学内認証が実施されています（図3-8）。オーディット型では、厳密な内部質保証の実施が求められますから、学内認証が有効な手段となります。

図3-8　オーディット型認証と学内認証

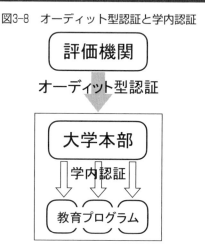

第2節　学内認証の仕組み

　「学内認証」という耳慣れない言葉が登場しましたが、決して新たな取組を求めるものではありません。教育機関が求められている説明責任を果たすための不可欠なツールです。最初に、学内認証を実際に導入しているドイツの事例を紹介します[(2)]。本章の説明は、大学の種々の業務のうち、教育に限ります。

　ドイツでは、QM（Quality Management、質マネジメント）が一般に使われ、QA（Quality Assurance、質保証）という言葉はあまり見られません。しかし、実施されている作業を見ると、QMとよんでいるプロセスの中に質保証の作業も含まれています。ドイツの大学認証制度は、システム認証とプログラム認証の二本立てとなっています（図3-9）。システム認証は、オーディット型認証で、教育（学位）プログラムの質の確認と保証は、大学が内部質保証としての学内認証を通じて行います。認証機関は大学のこの確認・保証の制度と手順だけを審査します。プログラム認証は、認証機関が教育プ

ログラムを直接行います。大学はこの二つの方式のどちらかを選択します。システム認証を選択する場合は、当然ながら内部質保証のシステムを整備しなければなりません。そこでドイツの大学では、学内認証の制度が採用されている例が多くなっています。たとえば、ハイデルベルク大学[2]やハノーファー大学[3]では、学内認証制度が整備されています。両大学とも、国際的にも知名度の高い、伝統ある研究大学ですが、教育の質保証についても積極的に取り組んでいます。

図3-9　ドイツのシステム認証とプログラム認証

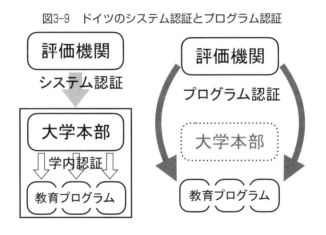

　ドイツの大学における学内認証の制度と手順を紹介します。制度や手順の詳細は大学ごとに異なりますが、代表的な例を紹介します。学内認証の対象は、その大学にあるすべての教育プログラム（学士課程、修士課程の全プログラム）で、各教育プログラムに対して、5～7年程度に一回の頻度で審査が行われます。なお、ドイツの博士教育にはコースワークに基づくプログラムは存在しませんので、博士は対象外です。学内のすべての教育プログラムが対象ですから、その数はかなりのものになります。大規模な大学では、200以上にものぼります。そこで大学によっては、各プログラムを個々に審査するのではなく、類縁のプログラムを一括して学内認証の審査に付する制

度を設けている大学もあります。

　質保証といえば、稼働中の教育プログラムで行われている教育実践の質を
チェックすることを考えます。むろん、質保証の主たる焦点がそこにあるの
は間違いありませんが、ドイツの学内認証では、通例、少しスパンが広くな
ります。つまり、新設から稼働中を経て終了にいたるまで、いわば教育プロ
グラムのライフサイクル全体が審査の対象です。とくに終了の局面は重要で
す。稼働中の認証審査では、当然ながら不合格の判定が出るケースはあり得
ます。不合格となれば、そのプログラムは終了となります。すなわち、終了
の局面は、稼働中の審査の一つの帰結として、これに密接に関わっています。

　学内認証で用いる審査基準は、大学が独自に決めるのではなく、プログラ
ム認証（図3-9）で用いられる基準をそのまま学内で採用します。ドイツに
は認証機関が複数ありますが、この基準は全国共通で、いずれの認証機関も
同じ基準に基づいて評価を実施します。この全国共通基準を用いることに
よって、認証としては同一水準・内容となる仕組みです。大学は、この全国
共通基準を使うため、「学内認証が認証機関による認証を代行する。」と考え
られる所以です。

　このプログラム認証の基準は表3-6に示します。基準は教育内容や課程設
計から、試験、設備、プログラムの運営体制にいたるまで、広範囲をカバー
しています。大学認証一般と同様、この基準も教育プログラムをいわば棚卸
しする内容となっています。

　この基準で注目すべきは基準の大枠のみを表示していることです。表3-5
に掲げられている基準はいずれも、いわば審査の観点を概括的に定めている
だけです。個々の事項において具体的にどのような審査を実施し、何に基づ
いて判定を行うかは記述されていません。それは基本的に、審査委員の見識
と判断に任されています。言い換えれば、この基準は、業績を細かく項目化
した上で、チェックリスト的に網羅的に査定する形をとっていません。ある
いは、客観的証憑として必ず計数的指標を求めるのでもありません。した
がって、審査基準はかなり緩やかです。この点が、日本との大きな相違点で

表3-6　ドイツのプログラム認証の基準[4]

・学修目標と修了水準
・カリキュラム
・学生の流動性
・教職員の配置
・資源の提供
・試験制度
・学修の実行容易性
・専門的・学術的内容の斬新さ
・修了
・共同参画と障害者への配慮

す。わが国の認証評価では、かなり細かい内容までマニュアル化されていますし、大学側もそれを求めています。

　学内認証の審査委員となるのは基本的には、学内から選ばれた人々です。ドイツの大学では、構成員を教授、職員（講師・助手などの教育系職員と事務・技術系職員）、学生の三グループに分けることが一般的で、学内認証の審査委員もこれら三グループのそれぞれから選任されます。日本の現状から、学生が加わることに違和感を感じるかもしれません。しかし、ドイツに限らずヨーロッパでは、重要なステークホルダーとして、大学評価には学生の参画が原則になっています。学外者は、他大学の教員が主であり、大多数は学術経験者です。

　審査手順の概略は表3-7のとおりです。教育プログラムの新設時にも審査が行われますが、ここでは、稼働中の教育プログラムに対する審査を取りあげます。

　ハイデルベルク大学の学内認証制度を図3-10に示しました。これは、「ハイクオリティ（hei-QUALITY）制度」とよばれ、ドイツで最も整備された学内認証制度の一つです[5]。表3-7に示した「1. 自己評価」にあたるステッ

表3-7　教育プログラムの学内認証の手順と内容の概略

段　　　階	内　　　　容
1．自己評価	審査対象の教育プログラム側が自己評価を行う。学生アンケート結果や成績・修了状況などの学務情報を援用しながら、プログラムの現況を分析し、結果を自己評価書にまとめる。これを、シラバスなど他の関係資料・データと合わせて審査チームに提出する。
2．書面調査	審査委員は、自己評価書と関係資料・データを審査し、教育プログラムの現況について把握する。それを判定素案にまとめる。
3．訪問調査	書面調査を踏まえて、審査委員が教育プログラム側を訪問する。審査委員は、書面調査での疑問点を教職員や学生などと面談して解消し、あるいは追加の情報を得る。また、施設・設備等を確認する。
4．判定原案作成	訪問調査の結果を踏まえて、審査委員は判定素案を手直しして、判定原案にまとめあげる。原案では、認証の可否という判定以外に、改善に向けた指示や勧告が付されることが多い。
5．判定確定	判定原案は、教育プログラムに回付され、事実関係などを確認する。プログラム側からの了承が得られたら、原案は判定案となり、大学側に提出される。学長以下の大学幹部会が判定案を検討し、それを了承すれば、判定として確定される。判定に改善勧告など付帯条件があれば、それについての履行と検証の手続がとられる。不適格という判定の場合には、学長等がプログラムの廃止等に向けた協議を当該プログラムと行う。

図3-10　ハイデルベルグ大学の学内認証の手続

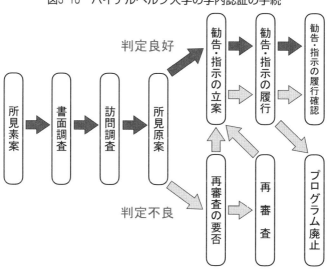

プが「所見素案」となっています。このステップでは、学務統計のデータや学生アンケートなどの外形的な資料をもとに、そのプログラムの総括的な現状診断を行い、それを所見素案にまとめます。素案は、審査委員が本格的な審査に入るときの出発点になる重要文書です。

　学内認証は、外部の認証機関によって行われるプログラム認証の審査とほぼ同じ手順を踏んでいます。判定確定にいたる過程では、審査の公平を担保するよう、学内とはいえ、かなり形式的な手順を定めています。つまり、手続きの厳密さの点でも、外部認証機関とほとんど変わりがありません。

第3節　学内認証の位置づけ

　ドイツの大学で行われている学内認証の実例を紹介しました。知的風土や学問的慣行の異なる日本に、ドイツの体制をそのまま導入できるとは思えませんが、わが国の高等教育質保証論議の参考にはなります。わが国の教育機

関に学内認証の導入を検討する場合に考慮すべき事項を議論しましょう。

　第一は、審査委員の人選です。学内認証では、審査委員を学内から選任します。しかし、委員候補者が審査対象のプログラムと何らかの利益相反的な関係にある可能性があり、学内という限られた範囲では適した人材を確保できない懸念があります。この点は組織内部での審査としての学内認証に宿命的な問題です。そして、組織内審査である以上は、これに対する完全な対処策はありません。しかし、ドイツの大学では、審査委員の相対的独立性を高めるための工夫が観られます。それが審査委員候補者のプール制です（図3-11）。認証審査の都度ごとに審査委員を選任するのでなく、一定人数を数年間の任期で任命しておく方法です。こうして確保した審査委員候補者のプールから、個々の審査にあたるチームを編成します。彼らはその任期中には研修などを受講して、審査の改善や能力向上に努めます。審査委員候補者は数年間の任期中は、従来の所属部署からは独立した審査部署に半分所属する立場になります。また、一部の審査委員を学外から選任する例も観られ、審査の第三者性を強める方策です。この場合には、学内に審査委員候補者を確保しておくわけですが、複数の教育機関が共同で審査委員候補者プールをもつことが考えられます。

図3-11　学内認証審査委員のプール制

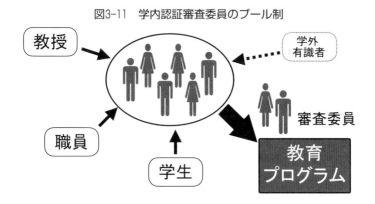

　学内認証には、審査の中立性については多少の課題はあるものの、組織内審査の長所があります。大学組織は、企業などと比較して合目的性が弱い傾向があり、個別の慣行や組織文化が強固である特性をもっています。この特性を無視した審査は、機械的な判断に陥る懸念があります。この特性を心得た学内者による審査であれば、バランスのとれた判断が可能と思われます。

　ドイツの学内認証では、審査基準は大枠を示すだけです（表3-6）。ここに示されている基準は、教育の質を審査する際に必要と思われる項目は網羅されており、国際的にも共通性が高いものです。優れた教育とは何かについては、大学人の間には暗黙裡におおよそ共通の理解があるものと思われます。したがって、欧州高等教育圏における質保証の基準とガイドライン（ESG）[5]、ASEAN諸国の大学連合AUN編纂の質保証マニュアル[6]等に掲載されている詳細な基準やマニュアルを参考にすれば問題はありません。基準の精緻化よりも実施の仕組や手順を最適化する取組を優先すべきです。すなわち、大事なのはwhatよりもhowです。

　審査基準に関して考えるべき点は、次章で説明する動的質保証との関係です。学内認証が「説明責任」を主目的とするのに対して、「動的質保証」は質の維持・改善の使命のための取組です。つまり、この両者が相補的に機能することが求められるのであって、両者を単に併用するのではなく、有機的に組み合わせることが有効です。一つの手立ては、学内認証の基準のなかに動的質保証を組み込むことです。すなわち、現場で恒常的な改善の取組が実効的に展開しているか否かを、学内認証審査の一環として検証するのです。

　学内認証のプロセスでは、具体的な審査のみならず審査に関わる事務処理（受審する教育プログラムとの書類の往復、審査委員との連絡、日程の調整など）もともないますから、教職協働の作業が不可欠です。ハイデルベルク大学のような事例[7]は例外的で、大部分の大学では、関係の教職員が教育研究や日常の業務の傍らで認証審査への対応にあたることが多いようです。ドイツでも大学を取りまく財政状況は厳しく、その中で認証業務に特別に人員を割くのはきわめて困難です。

　最後はコストの問題です。多数の教育プログラムの審査ですから、かなりの手間と時間が必要です。認証業務に割く時間と労力は、費用として発生します。同じことは、審査を受ける教育プログラム側にもあてはまります。ドイツのある大学関係者は、「学生3,000人に質保証の専従職員が1人必要」と計算しています。ドイツの大学でも、この点かなり苦労しているようです。たとえば、類縁の教育プログラムをまとめて一括で審査する方式をとっているケースがあります。デュースブルク・エッセン大学などでは、審査の第一ステップの自己評価作成にあたって、質的な点検・評価はやめ、学務統計やアンケートなど外形的なデータだけを利用するようにしました。これらのデータなら、大学は普段から収集していますので、学内認証のために改めて集める手間はありません。ドイツでは、システム認証（オーディット型認証）とプログラム認証が制度的にセットされています。これに対して、日本では認証評価制度では、学内認証はあくまでも大学の自主的な取組となっていますから、節約の知恵は他にもいろいろ考えられるでしょう。

　学内認証はかなり大がかりな取組ですが、教育機関として、その教育の質について責任を負い、説明責任を果たすために重要な作業です（コラム3-3）。教育機関の規模に応じて、体制や方法を工夫した取組が必要です。

コラム 3-3

　教育機関が、自学の**教育の質について責任**を負い、**説明責任**を果たすために、**学内認証**は不可欠な作業である。

《注》

(1) 川口昭彦（2022）『DX社会の専門職大学院・大学とその質保証』専門職教育質保証シリーズ（一般社団法人専門職高等教育質保証機構編）ぎょうせい　p.149

(2) Universität Heidelberg（2013）https://www.uni-heidelberg.de/md/zentral/universitaet/qualitaetsentwicklung/studium_lehre/qm_handbuch_a4_13210_

web.pdf

(3) Leibniz-Universität Hannover, ZQS, n.d., LQL-Programm/Systemakkreditierung, https://www.zqs.unihannover.de/de/qs/qualitaetsmanagement/lql-programm

(4) Akkreditierungsrat, 2020,［Raster vom］Akkreditierungsbericht: Programmakkreditierung—Einzelverfahren　https://www.akkreditierungsrat.de/sites/default/files/downloads/2021/Raster%2001%20Programm%20Einzel%20Fassung%2002.3_0.pdf

(5) 欧州高等教育質保証協会他（2015）「欧州高等教育圏における質保証の基準とガイドライン（ESG）」2015年、https://www.enqa.eu/wpcontent/uploads/filebase/esg/ESG%20in%20Japanese_by%20NIAD-UE.pdf

(6) ASEAN University Network（2020）Guide to AUN-QA Assessment at Programme Level, vers. 4.0, Bangkok

(7) 独立行政法人大学改革支援・学位授与機構編著（2020）『内部質保証と外部質保証—社会に開かれた大学教育をめざして』大学改革支援・学位授与機構高等教育質保証シリーズ、ぎょうせい　pp. 69-78

第3章

動的質保証：教育プログラムの自己改善

　内部質保証の二つの使命のうち、第2章では説明責任に資する学内認証を議論しました。この章では、質の維持・改善のための具体的な取組として、「動的質保証」モデルを提案します。これは、ヨーロッパで実際に行われている質保証のモデルです。

　教育の質をめぐる問題は、レベルや内容について、多種多様です。特定の科目の成績評価が厳密ではないのではないかという懸念もあれば、社会経済の状況の変革に対応して学部を統合・再編するか否かという全学レベルの問題もあります。しかし、前章から議論しましたように、内部質保証の主役は教育プログラムです。

　内部質保証における教育プログラムの意義については、先にふれたように、認証機関も一致して認めるところです（p. 138）。集権的な内部質保証体制（図3-5　p. 139）では、大学や学部の役割は明瞭ですが、教育プログラムが内部質保証の主役となれば、大学や学部は教育プログラムを支援する立場になります（図3-12）。教育プログラムごとに内部質保証のPDCAサイクルが回りますので、プログラム側は必要に応じて大学や学部に対して報告や要請を行います。大学や学部の使命は、必要な資源の提供あるいは内部質保証活動の組織化などとなります。

図3-12　質保証における教育プログラムと大学・学部の位置づけ

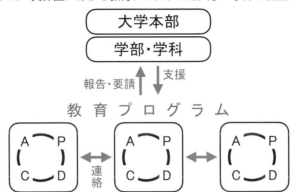

　教育プログラムが内部質保証の主役となる場合、わが国の大学組織は教育プログラム単位の編成ではありませんから、内部質保証の責任組織の問題が生じます。専攻や学科等は、教員組織としてのまとまりはありますが、一つの教育プログラムと見るには完結性に欠けている、あるいは大規模すぎて教育課程としての一貫性が乏しい、などの課題があります。教員組織と教育組織の分離（教教分離）など、改善に向けた取組は行われつつはありますが、伝統的な組織編成が大多数であるのが実情です。これは質保証だけの問題ではなく、教員組織など教育体制の根本に関わりますので、他書[1]をご参照ください。さらに、組織のあり方は、大学や学部、専門分野によって異なりますから、それぞれの実情に応じた創意工夫に頼るしかありません。

第1節　教育目標は学修成果で表現する

　学修成果は教育の質を測る基本的な尺度として広く認められています（コラム3-4）。学修成果とは、学修を通じて学修者が修得する知識・スキル・態度のことです。換言すれば、勉学の結果、その学生は何を知り、何ができるようになったか、ということになります。

コラム 3-4

学修成果が教育の質を測る**基本的な尺度**である。

　教育目標が、「学修成果」を使って表現された一例をあげます。文化人類学で修得されるべきコンピテンシーとして、「経験的なフィールドワークがデータ収集の第一義的な手法」や「権力やジェンダー、エスニシティの関わり方、人種主義や排除の理論が人間のコミュニティのかたちにどう影響を及ぼすかを認識し分析できる能力」などが掲げられます[2]。これらコンピテンシーの修得が文化人類学の教育目標となります。このような専門分野がめざすコンピテンシーを踏まえて、教育プログラムでは、教育ビジョン、プログラムの目標や固有の事情などを勘案しつつ、教育の基本方針と具体的な学修成果を定めます。これが、「ディプロマ・ポリシー（卒業認定・学位授与の方針）」および「カリキュラム・ポリシー（教育課程編成・実施の方針）」になります。

　以上のように整理すると、目標となる学修成果の達成状況によって教育の質を測ることができます。質の保証は、教育プログラムの想定する学修成果が達成されているか否かを確認・保証することです。したがって、質保証の出発点は、「学修成果の可視化」となります。

　ディプロマ・ポリシーとカリキュラム・ポリシーは、原則として教育プログラムごとに定めることとなっています[3]。教育プログラムは、学位や資格の取得に向けて種々の学習成果を統合した教育実践の集合体です。もちろん、教養教育などについてポリシーを定めることは必要ですが、専門教育まで含めて教育プログラム全体の学修成果が明確に定められるべきです。

　中央教育審議会の三ポリシーに関するガイドライン[3]では、「どのような学修成果を上げれば卒業を認定し、学位を授与するのかという方針をできる限り具体的に示すこと。」と求めています。わが国の高等教育機関は、取得できる資格等の情報は発信してきましたが、修得が期待できる「学修成果」についての情報発信は不十分でした。学修成果の設定、その達成状況の測定

を経て教育の質の改善・向上に至るプロセスとして、表3-8に示す手順が考えられます。最初に、教育プログラムや科目の掲げる目標を学修（学習）成果[4]でもって表現します。すなわち、学生の学修を通じて、修得が期待される知識・スキル・態度を記述します。第二段階は、修得された学修成果の測定です。現実的には、目標の知識・スキル・態度を修得するとはかぎりません。実際に修得された成果と、目標学修成果との間には差があります。この差が教育の質を示唆しています。そして、この差を解消するための改善策を講じることによって、教育の質の改善・向上が期待できます。

表3-8　学修成果の設定から教育の質の改善・向上まで

1．目標学修成果：教育プログラムや科目の掲げる目標を「学修成果」で表現する。すなわち、学修を通じて、最終的にどのような知識・スキル・態度の修得が期待できるかを記述する。
2．達成学修成果：修得された学修成果を測定する。
3．目標学修成果と達成学修成果との差を明確化する。この差が「教育の質」を示唆する。
4．明確になった差を解消するための改善策を講じることによって、教育の質は改善・向上する。

　医学、看護、工学など職業実践に近い教育プログラムでは、修得の必要な知識・スキルが比較的明確ですから、その職業の求める知識・スキルがそのままめざすべき学修成果となります。しかしながら、これだけでは不十分です。たとえば、医学や看護に携わる人材には、命の大切さを基本とした倫理観を身につける必要があります[5]。基本的な知識・スキルの育成とともに、他の医療職との連携および地域医療や福祉制度に関する基本的な知識と理解を深め、身体的および精神的な支援サービスを必要とする対象者（以下「クライアント」とよびます。）の実態把握と生活の質向上を図る能力を有する人材の育成が教育目標となります。また、グループ医療を重視する観点か

ら、他の医療職との連携による相互のコミュニケーションが不可欠で、コミュニケーション能力の育成も重要な要素となります。さらに、この分野の専門職が対象とする個々のクライアントの状況を的確に把握するためには、クライアントとのコミュニケーションに加えて、データ分析能力を養うことも重要です。この分野の情報の性格上、情報リテラシーや個人情報保護の重要性を学ぶことも不可欠です。

　上記の内容は、職業実践に近い教育プログラムに限られることではなく、すべてのプログラムで一般的に言えます。第一部第2章第1節（pp. 31-35）で解説しましたように、高等教育は、職務と直接関係する知識・スキルだけではなく、思考力、判断力、創造力など根源的能力を育成する使命をもっています。知識・スキルは、インターネット等を介したオンライン学習が可能（p. 7）となっていますから、教育現場では、根源的能力に関する学修成果が重視されなければなりません。ここに、学修成果の設定や測定が難しくなる原因があります。

学修成果の設定

　根源的能力に関する学修成果の設定方法を考えてみましょう。出発点となるのが、そのプログラムが目標とする人材像（将来どのような人材になるよう学生を育てたいかというビジョン）です。学修成果はその人材像から導き出されます。

　そのためにはまず、目標となる人材のもつ特徴を能力面から把握します。一例として、「グローバル化時代に適した人間」という人材像を取りあげます。この人材に求められる能力として、たとえば「現代世界の経済的相互依存関係を理解する。」「外国語で自分の意見を表明する。」「多文化的状況への理解・感性をもつ。」などがあげられます。このように、人材像は一連のコンピテンシーに分解できます（図3-13）。それらが、プログラムの学修成果となります。一つのプログラムで設定すべき学修成果の項目数は、とくに決まりはなく、プログラムの性格や位置づけ、教員の配置状況等によって変わ

図3-13　人材像のコンピテンシーへの分解

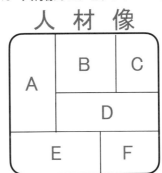

ります。

　プログラムとしての学修成果が定まったら、それらをプログラム内の各科目に割り振ります（カリキュラム・マッピング　表3-9）。たとえば、科目Ⅰにはプログラムの定める学修成果のうち、A、C、Fが割り振られ、これを履修した学生はA、C、Fのコンピテンシーを修得することになります。一つの科目での学修成果の数は、数個程度が目安です。少なすぎると、プログラムに多くの科目が必要ですし、多すぎると、その科目の狙いが不明瞭になります。適確なマッピングによって、プログラムとしての学修成果は諸科目によって漏れなくカバーされ、学生は諸科目を履修することによって、最終的にそのプログラムが求めるすべての学修成果を修得できることになります。

表3-9　カリキュラム・マッピング

科　　目	学修成果A	学修成果B	学修成果C	学修成果D	学修成果E	学修成果F
Ⅰ	○		○			○
Ⅱ		○		○		
Ⅲ	○				○	○
・・・		○	○	○		

　人材像から導き出されたコンピテンシーは、抽象的な記述が多く、解釈の幅が大きいのが通例です。そこで、教育プログラムとして設定する時、あるいは個々の科目に盛り込む時に、課程の水準（学士か修士か等）、対象学生の学力などを踏まえて、具体的な目標に翻訳します。たとえば、「現代世界の経済的相互依存関係を理解する。」というコンピテンシーであれば、「諸国家・地域間の貿易・投資の流れと規模について説明する能力をもつ。」という目標に具体化します。また「外国語で自分の意見を表明する。」は「TOEIC800点以上の得点を得る。」などとなります（図3-14）。

図3-14　コンピテンシーの具体化

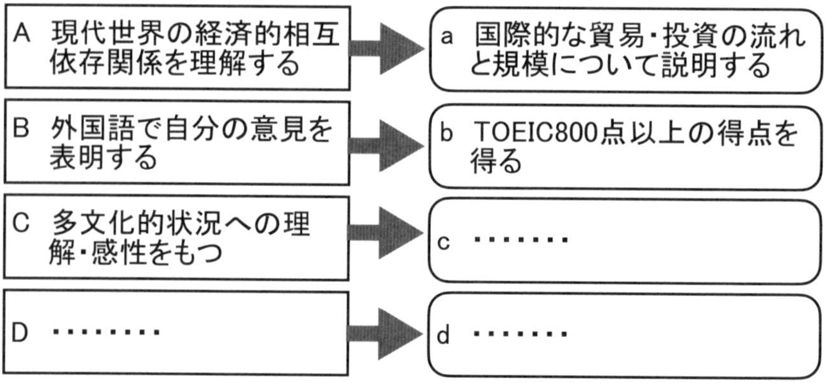

A	現代世界の経済的相互依存関係を理解する	→	a	国際的な貿易・投資の流れと規模について説明する
B	外国語で自分の意見を表明する	→	b	TOEIC800点以上の得点を得る
C	多文化的状況への理解・感性をもつ	→	c	………
D	………	→	d	………

学修成果の達成状況の測定

　次は、学修成果が達成されたか否か、あるいは達成の程度を測定することです。測定手段は、例として、「グローバル化時代に適した人間」という人材像について考えてみましょう。

　この人材像を構成する諸コンピテンシーのうち、「外国語で自分の意見を表明する。」はあまり問題がありません。TOEICやその他の英語検定試験のスコア等を用いることによって、学修成果の客観的な達否の判断が可能です。これに対して、「多文化的状況への理解・感性をもつ。」のような「○○

への理解・感性」等のような質的な内容の習得状況の可測化が、学修成果に関する最大の課題と言えます。これまでも可測化するための種々の工夫が提唱されてきました。若干のものを以下で紹介します。

　①　計数的な指標を設定する。

　その学修成果を計数的に表現できる数値指標を案出し、その高低を達否の尺度とする考えです。上述のTOEICスコアはその典型的な例ですが、それ以外にも学修成果の内容に応じて、資格試験の合格率、ウェブサイトのアクセス数、図書館などの利用者数など、直接的あるいは間接的を含めて種々の指標が考えられます。

　②　学生へのアンケートを用いる。

　適切な数値指標が見当たらない場合、よく用いられるのがアンケートです。たとえば、学期終了後に学生に対してアンケートを行い、その科目のコンピテンシーを（どの程度）習得したかを質問します。そのコンピテンシーに肯定回答が多ければ、その学修成果は成功裏に修得されたと判断します。

　③　行為を使って記述する。

　理解や感性などに関わるコンピテンシーは、人の内面に隠れたもので、外から把握は困難です。しかし、理解や感性が行為となって現れれば、それは把握が可能となります。そこで学修成果には、外面的な行為のみを記述すべきという考えです。たとえば、学術的テクストの理解能力を取り上げたい場合、学修成果では、そのテクストを「理解する。」という表現を避け、「解釈する。」「要約する。」「翻訳する。」などの記述を用います。それによって、解釈・要約・翻訳などの成果物（レポートや筆記・口頭試験など）で、理解の度合が判定できます。

　④　達成の水準も記述する。

　これも、具体的な記述の工夫です。学修成果を考える際には、どのような知識・スキル・態度が修得されるかだけでなく、修得の水準も考えるべきです。たとえば、単に「外国語で、その専門分野に関する自説を表現する。」だけにとどめず、「…自説を演習で発表する。」とか「…自説を学会でプレゼ

ンテーションとして発表する。」と記述します。それによって、記述が必然的に具体的になり、その結果可測性が高まります。水準の記述にあたり、学修による思考の発展過程を六段階化したブルームの分類法[6]が参考になります（表3-10）。

表3-10　ブルームの分類法

① **記憶**（remember）何かを知っている。
② **理解**（understand）何を知っているか理解している。
③ **応用**（apply）何かをその文脈から切り出し、他の文脈で用いることができる。
④ **分析**（analyze）何かを分析できる。
⑤ **評価**（evaluate）分析の結果、何かについて判断できる。
⑥ **創造**（create）新たなものを創造できる。

　これらのアイデアは、万全のものではありません。学修成果の内容によって工夫することが肝要です。留意すべき点は、大学での教育は研究と連結しているため、発展的・創造的な性格をもっています。したがって、大学教育は、事前に設定した学修成果を越えて、あるいはそれから外れて学修が進展していく可能性を秘めています。さりとて、学修が行われる以上は、何らかの成果を想定することが求められます。その成果を手がかりに学修過程を批判的に顧みる、あるいはその長短所を検討することも可能なはずです。

　今までの学修成果の考え方は固定的・静態的でしたが、学修成果を柔軟に捉えるべきです。すなわち、学修成果を動態的に捉える考えです。教育にあたって、適切と思われる学修成果の設定に際して、可能なかぎりは具体性・可測性に配慮します。この学修成果に基づいて授業が実践されます。そして、学期末の時点で学修成果の達否を点検し、学修成果がどの程度、あるいはどのように適切であったかを検討します。その結果を受けて、学修成果に必要な修正を加えて次の教育に臨むことになります。

　この場合も、目標学修成果と達成学修成果との距離でもって質を把握し

て、その科目の質保証となります。ただ、ここでの主眼は、両者の距離の把握そのものではなく、それを改善に資することにあります。通例の質保証では、いわば総括的評価として質の判定を下そうとする姿勢が目立ちますが、ここでは形成的評価を考えています。したがって、学修成果はその形成的評価のための一手段で、質改善の作業における一種の作業仮説と言えます。大学における学修は動態的で、学修成果も設定→実行→点検・修正→次の実行のループは終わりなく続くでしょう（図3-15）。教育の質とは、動態的な学修の現実に合わせて適応していく能力と考えれば、このループを維持することこそが教育の質になります。

図3-15　動的質保証

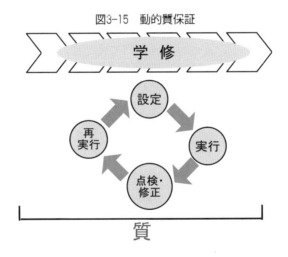

第2節　学修成果はどのように検証するか？

学修成果を質改善の中の一種の作業仮説として用いるとしましたが、この作業仮説の検証は、アンケートを用います。すなわち、授業科目ごとに、その学修成果について、学生がそれをどの程度修得したと認識しているかを、学生本人および教員に問うのです。これは、内部質保証の国際的な大学コン

ソーシアム「高等教育内部質保証」(Internal Quality Management in Compe-tence-Based Higher Education、以下「IQM-HE」と略します。）が提唱しているものです[7]。

表3-11　IQM-HEのアンケート（学生用）書式[8]

学修成果	○○○○ついての知識をもつ							
	レベル	1	2	3	4	5	6	7
問い	あなたの知識・スキルはどのレベルか							
	このプログラムはどのレベルまであなたの知識・スキルを育成したか							

各レベルの説明：1　なし、2　初歩、3　基礎、4　（期待した知識・スキルの）相互連関、5　（期待した知識・スキルの）脈絡付け、6　（期待した知識・スキルの）拡張、7　知識・スキルの創造

　このアンケートでは、修得度を単純なレベルから創造的なレベルまで7段階に分けてあります（表3-11）。学期前に、教育プログラム側が、対象の科目の中の個々の学修成果について、学生の修得すべきと考える水準をこの表に記します。コンソーシアムでは、学修成果の記述は、めざすべき水準についても必ず言及する（前節の可測化アイデア④を参照してください。p. 163)方針をとっていますので、そのコンピテンシーの記述中にある目標水準が7段階中のどこに該当するか記します。新入生向けの科目であれば、7段階中の下から2つ目くらいかもしれません。一方、修士課程のプログラムであれば、目標は最上の第7段階に設定されることもあるでしょう。これが「目標学修成果」となります。

　学期後、学生と担当教員の双方に対して、学修がどの程度進展した（と認識している）かを問います。これが「達成学修成果」となります。対象に教員を含めるのは、複数の視角から捉える方が情報量が増えるからです。

　回答にあたって、学生は、その学修成果について自分の知識・技能が7段

階中のどのレベルにあるかを自己診断し、該当する段階をマークします。さらに参考として、その教育プログラムがどのレベルにまで自分の知識・スキルを引きあげたかという第2問にもマークします。第2問が設けられているのは、その教育プログラム自体の教育効果を把握するためです。というのも、自分の知識・スキルの現レベルは、必ずしもそのプログラムによる直接的な学修成果とばかりは言えないからです（他プログラムでの学修や就労体験などの影響が考えられます）。

　一方、教員は、担当クラスの学生が当該の学修成果をどの程度修得したと認識しているかを答えます。その際、およそ受講生の75％くらいを念頭に置きます。表3-11の「各レベルの説明」にあるように、各段階の水準記述はきわめて抽象的です。このアンケートでは知的活動の発展は、単純で単発的な次元から複雑で相互連関的な次元を経て、創造的な次元へと発展する径路として描かれています。これは、アンケートを科目や課程や専門分野に関係なく、広く共通に利用できるようにするために、個々の学修活動から抽象された、公約数的な記述になっています。

　回答者ごとの理解のブレを抑制するために、アンケートでは付録として具体的事例を若干数あげています。本書では、残念ながら紹介できませんが、たとえば「初歩」の学修は、どのようなものが該当するかを示しています。また、末尾に自由記述欄があり、学修についての意見等を記すことになっています。

　アンケートの集計結果から、学生と教員それぞれが捉えた達成学修成果が見えてきます。これを目標学修成果と比較します。もし、両者の間に大きな差がなければ、その学修成果の修得は大きな支障なく進行したものと判断できます。しかし、両者の間にかなり乖離が認められる場合には、学修がうまく進んでいないと診断されます。むろん、プラスの乖離が生じる可能性もありますが、この場合には、目標設定が低すぎる可能性がありますから改善の必要が生じるでしょう。

第3節　教育プログラムの自己改善

　アンケートによる検証の後は改善の局面です。IQM-HEコンソーシアムでは、以下のような手順を提唱しています。アンケートでは、どの科目や学修成果でも、目標学修成果と達成学修成果の間に差が認められるでしょうが、すべての差を取りあげる必要はありません。乖離の大きいもの、さらには教育プログラムにとって重要な科目や学修成果を重点的に扱います。

　乖離の原因を解明する作業として、アンケートの結果を多角的に分析します。たとえば、未達と回答した者の属性（アンケートは無記名ですが、属性を記す欄はあります。）に共通する特徴はないか、学生、教員のアンケート結果の間に差はないかなど、さまざまな角度から分析します。教員の間で授業中に得た印象、過去の経験などに基づいて、原因の所在も探ります。学生から追加的な情報を得るために、面談やフォーカスグループ・インタビューなどを行います。これらの取組から、乖離の原因を解明します。

　原因が解明できれば、次の作業は具体的な改善策の立案です。改善策は、問題の性格に応じてさまざまです。場合によっては、方策がその教育プログラム内にとどまらず、他プログラムからの協力、学習支援センターや図書館など学内共同機関からの支援を要することもあります。人員・設備などが絡めば、学部や大学本部の関与が重要です。これら必要な要請や手配を行って、改善策が立案されます。

　改善策の一環をなすのが学修成果の見直しです。現行の学修成果に難点がないかをチェックします。その上で、学生が的確に理解できる表現に精緻化する、目標水準を学生の学力に合わせて調整する、などの措置を講じます。場合によっては、科目の学修成果の構成をかなり見直すことも必要かもしれません。個々の学修成果を分割する、あるいは逆に統合することもあるでしょう。改善策は、次の学期・学年以降、実践に移されます。同時に、アンケートで判明した問題点とそれへの改善策は、プログラム内の学生、教員は

もちろん、外部の関係者にも公表します。

　以上の一連の作業が一サイクルとなります。次のサイクルでまたアンケートが行われますから、その結果から講じられた改善策が奏功したかどうかが検証できます。同時に、新たに別の課題が検知されるかもしれません。IQM-HEコンソーシアムは、一サイクル／年を推奨しています。

　目標学修成果と達成学修成果の間に差の原因を的確に認識し、それに応じた改善策を立案することが肝要です。主な原因は、表3-12に示すパターンに分類されますので、改善作業を進める上で参考にしてください。

表3-12　教育の質をめぐる課題のパターン

１．学修成果の表現が的確でない、設定が適当でない。

　学修成果の内容が不明確で、教育プログラム側と学生側で理解が異なっている場合、目標学修成果と達成学修成果の間に距離が生じるのは当然である。学修成果で目標水準を定めている場合、設定が高すぎないかにも注意が必要である。

２．履修開始時の学生の学力が不足している。

　受け入れ学生の学力要件（指定された科目や履修済み課程等）を満たしていない学生が入学すれば、成績不良、すなわち達成学修成果が不良になるのは避けられない。

３．プログラム設計が適切でない。

　プログラムが積み上げ的に設計されておらず、科目間接続が円滑でないケースがある。科目間に間隙があるため、必要な知識・スキルを未修得のまま、次の科目に向かうことになる。その結果、その科目での学修が円滑に進まない。

４．教授・学習法が適切でない。

　学修成果には、それに適した教授・学習法（大教室での講義形式でもよいもの、小人数での双方向的な学修が適しているものなど）がある。教授・学習法選択を誤ると、所期の成果はあがりにくい。

> ### 5．教授能力が不足している。
> 　適切な教授・学習法を選択しても、担当の教員にその教授・学習法を実践する能力がなければ無意味である。たとえば、討論を主体にした授業を企画しても、教員にファシリテーターとしての能力が欠けている場合には、この科目の学修成果は期待できない。
>
> ### 6．評価法が適正でない。
> 　学修成果には、それに適した評価法もある。学修成果、教授・学習法、評価法は三点セットで考えるべきである。教授・学習法に合わない評価法を採用したのでは、適切な評価は困難である。

　以上が、IQM-HEコンソーシアムの提唱する学修成果の達否の検証です。このアンケートを検証手段とする連続的な質の検証と改善の作業を「動的質保証」と名づけます。わが国の大学で一般的に行われている内部質保証の方式、すなわち内部質保証のために集権的な組織を構築し、モニタリングとレビューの二段構えの作業手順を採用する方式と比較して、動的質保証の特徴あるいは長所を以下にまとめます。

　第一に、質の改善・向上のために何をすべきかが具体的に示されています。わが国の従来の方式では、内部質保証の二つの使命のうち、「説明責任」に重点があり、もう一方の「質の改善・向上」が集権的な組織に埋没して、見えなくなっている傾向があります。その点が、動的質保証では具体的です。しかも、教育プログラムの現場レベルで、現場の状況に即した改善が実行されます。問題が発生した現場で解決することが、最も効果的で効率的です。問題の中には、現場だけで解決できるもの、その教育プログラム特有の事情に由来するものは少なくありません。権限や資源面の理由で、どうしても現場だけでは処理できない問題は、大学の組織レベル、すなわち学部や大学本部に上げるべきです。

　第二に、問題を検知してから改善に着手する点でも効率的です。わが国で一般的に行われている内部質保証レビューでは、教育実践を総ざらいするこ

とが多いようです。しかし、問題の有無にかかわらず検証するのは、形式主義的で無駄があります。必要もない手間をかけることで、結果的に組織に「点検疲れ」をもたらしかねません。問題（リスク）の所在を確認した上で、それに応じた対処を行う意味で、動的質保証はリスクベース・アプローチです。

　第三に、わが国の大学で一般的に行われている内部質保証の方式は、大規模組織を前提としていますが、動的質保証は、組織の規模に応じた対応が可能であるメリットがあります。したがって、専修学校等にも導入する成果が期待できます。

　これに対して、問題を検知する都度、個別対応するのでは、どこかで漏れが生じるのでは、などの懸念をもつ向きがあるかもしれません。しかし、「漏れ」という懸念は、何か対処すべき課題があらかじめ定まっていると考えるところから生じるものです。再三述べましたように、高等教育の動態的な学修では、内容があらかじめ決まっているわけではありません。

　問題検出ツールは必ずしもアンケートにかぎらないのでは、という疑問もあるでしょう。アンケートが唯一の手段だと考えるわけではありません。実際、検証すべき項目をあらかじめチェックリスト化し、それによって問題をあぶり出す方式を採用している大学もあります。ただ、チェックリストの発想は、対処すべき課題を固定的に捉える傾向にあり、多分に静態的な質保証の観念に基づいているように感じられます。

　動的質保証モデルは示唆に富むアイデアですが、IQM-HEコンソーシアムの提唱する形が、そのまま導入できるものではありません。高等教育は歴史と文化の産物ですし、個々の教育機関には、それぞれ独自事情もあります。導入を検討する場合、次のような点が焦点になります。

　第一は、質保証の組織体制の構築です。IQM-HEコンソーシアムは、教育プログラムごとに質保証チームを設置することを提案しています。質保証の原点は教育プログラムですから、それは筋かもしれません。これはコスト面の負担が大きいでしょう。現実的な手立てとしては、たとえば、近縁の複数

の教育プログラムをまとめて質保証を行うなどが考えられます。共通する作業は集約し、改善案の案出や実行において、近縁分野の教員の応援が得やすくなります。プログラム間の連絡会議を設置すれば、連携は円滑になります。学科や学部が調整や支援を行うことも必要です。具体的には、学部の教務部門の一角に質保証担当部署を設け、人員を配置して、関係する業務を行う体制です。全学的な態勢も考えるべきで、アンケート等の実施を全学的に集約するのは有効です。わが国でも、すでに多くの大学が全学的な規模でアンケートを実施していますから、基本的な体制は整っています。内容的に動的質保証にリンクさせるように修正すれば、さほど支障なく進むでしょう。

　第二に、質保証作業の深度や頻度も考える余地があります。IQM-HEコンソーシアムの案は、アンケートを学生、教員の双方に行うことになっています。アンケートの分析には材料が多い方が望ましいわけですが、さしあたり学生を対象としたアンケートから始めるのが得策でしょう。頻度については、同コンソーシアムの提唱する年一回はいささか慌ただしい気がします。始終、質保証に追われて、落ち着いて教育に取り組めないのでは本末転倒です。とは言っても、日常的な改善を行うと銘打つ以上、5、6年に一回では間があきすぎるでしょう。どの程度の頻度が適当かは、試行を重ねて手探りするしかないと思われます。

　第三は、修正というより克服すべき課題というべきものです。大学として、現場の継続的な質保証が実践されるよう、どのように担保するかという点です。動的質保証は、現場の教員の間での自発性が前提になります。強制されるのでなく、教育の改善に取り組む意欲が、この質保証モデルの成功には不可欠の前提です。しかしながら、全面的に教員の自発性に期待するだけでは、モデルが動き出す保証はありません。教育の質に対する自覚や関心は、「質の文化」で表現されますが、この文化が十分根づくまでに至っていないのがわが国の現状でしょう。この問題はいわば、自発性をいかに制度化するかという、自己矛盾的な話で正解はありません。漸進的に意識改革を図っていく以外には方策はありません。教員の教育への熱意は、待遇や予算

などでの報償よりも、大学教員としての職務の中で習得する価値観などの文化的要素が大きいという研究[9]があります。すなわち、大学は、基本的には現場の教員を信頼しつつ、ファカルティ・ディベロップメント（FD）などによる啓発を粘り強く続けることが肝要です。「質の文化」は、教員だけではなく、教職協働により学内全体に根づかせることが求められます。このために、ファカルティ・ディベロップメント（FD）やスタッフ・ディベロップメント（SD）を包含したマネジメント能力の開発・向上［マネジメント・ディベロップメント（MD）］が重要になっています。

《注》

(1) 独立行政法人大学評価・学位授与機構編著（2014）『大学評価文化の定着―日本の大学は世界で通用するか？』大学評価・学位授与機構大学評価シリーズ、ぎょうせい　pp. 12-26

(2) 日本学術会議「大学教育の分野別質保証のための教育課程編成上の参照基準文化人類学分野」https://www.scj.go.jp/ja/info/kohyo/pdf/kohyo-22-h140930-6.pdf

(3) 中央教育審議会大学分科会大学教育部会（2016）「卒業認定・学位授与の方針」（ディプロマ・ポリシー）、「教育課程編成・実施の方針」（カリキュラム・ポリシー）及び「入学者受入れの方針」（アドミッション・ポリシー）の策定及び運用に関するガイドライン」https://www.mext.go.jp/b_menu/shingi/chukyo/chukyo4/houkoku/__icsFiles/afieldfile/2016/04/01/1369248_01_1.pdf

(4) 本書では、「学修成果」と「学習成果」を区別して使っていますので、p. 50を参照ください。

(5) 一般社団法人専門職高等教育質保証機構（2023）専門職大学分野別認証評価評価基準要綱（リハビリテーション分野）p. 4

(6) Iowa State University（2020）Revised Bloom's Taxonomy（Flash Version）https://www.celt.iastate.edu/instructional-strategies/effective-teaching-practices/revised-blooms-taxonomy-flash-version/

(7) IQM-HE（2016）Handbook for Internal Quality Management in Competence-Based Higher Education https://www.iqm-he.eu/wp-content/uploads/2018/

01/IQM-Handbook-Guidelines_12-2017.pdf

(8) Bergsmann, E. et al. (2017) The Competence Screening Questionnaire for Higher Education: Adaptable to the needs of a study programme. https://www.tandfonline.com/doi/abs/10.1080/02602938.2017.1378617?journalCode=caeh20を参考に著者が作成

(9) Wilkesmann, U., Schmid, C.J. (2012) "The Impact of New Governance on Teaching at German Universities: Findings from a National Survery" *Higher Education* 63 pp. 33-52

参考文献・資料

■ 基本的な資料

・川口昭彦（一般社団法人専門職高等教育質保証機構編）『高等職業教育質保証の理論と実践』専門学校質保証シリーズ、ぎょうせい、平成27年

・川口昭彦、江島夏実（一般社団法人専門職高等教育質保証機構編）『リカレント教育とその質保証—日本の生産性向上に貢献するサービスビジネスとしての質保証』専門職教育質保証シリーズ、ぎょうせい、令和3年

・川口昭彦（一般社団法人専門職高等教育質保証機構編）『DX社会の専門職大学院・大学とその質保証』専門職教育質保証シリーズ、ぎょうせい、令和4年

・川口昭彦（独立行政法人大学評価・学位授与機構編集）『大学評価文化の展開—わかりやすい大学評価の技法』大学評価・学位授与機構大学評価シリーズ、ぎょうせい、2006年

・独立行政法人大学評価・学位授与機構編著『大学評価文化の展開—高等教育の評価と質保証』大学評価・学位授与機構大学評価シリーズ、ぎょうせい、2007年

・独立行政法人大学評価・学位授与機構編著『大学評価文化の展開—評価の戦略的活用をめざして』大学評価・学位授与機構大学評価シリーズ、ぎょうせい、2008年

・川口昭彦（独立行政法人大学評価・学位授与機構編集）『大学評価文化の定着—大学が知の創造・継承基地となるために』大学評価・学位授与機構大学評価シリーズ、ぎょうせい、2009年

・独立行政法人大学評価・学位授与機構編著『大学評価文化の定着—日本の大学教育は国際競争に勝てるか？』大学評価・学位授与機構大学評価シリーズ、ぎょうせい、2010年

・独立行政法人大学評価・学位授与機構編著『大学評価文化の定着―日本の大学は世界で通用するか？』大学評価・学位授与機構大学評価シリーズ、ぎょうせい、2014年
・独立行政法人大学改革支援・学位授与機構編著『グローバル人材教育とその質保証―高等教育機関の課題』大学改革支援・学位授与機構高等教育質保証シリーズ、ぎょうせい、2017年
・独立行政法人大学改革支援・学位授与機構編著『高等教育機関の矜持と質保証―多様性の中での倫理と学術的誠実性』大学改革支援・学位授与機構高等教育質保証シリーズ、ぎょうせい、2019年
・独立行政法人大学改革支援・学位授与機構編著『内部質保証と外部質保証―社会に開かれた大学教育をめざして』大学改革支援・学位授与機構高等教育質保証シリーズ、ぎょうせい、2020年
・独立行政法人大学改革支援・学位授与機構編著『大学が「知」のリーダーたるための成果重視マネジメント』大学改革支援・学位授与機構大学マネジメント改革シリーズ、ぎょうせい、2020年
・独立行政法人大学改革支援・学位授与機構編著『危機こそマネジメント改革の好機』大学改革支援・学位授与機構大学マネジメント改革シリーズ、ぎょうせい、2022年

■　一般社団法人　専門職高等教育質保証機構ウェブサイト

URL：https://qaphe.com

■　独立行政法人　大学改革支援・学位授与機構ウェブサイト

URL：https://www.niad.ac.jp

あとがき

　日本の労働生産性はOECD加盟国38カ国中28位（2020年調査）で、主要先進 7 カ国の中で1970年以降最下位が続き、2017年以降は順位も年々低落しています。しかも2010年以降の平均上昇率は0.6％で、ほぼ横ばいに近い状況です。労働生産性とは、労働者一人当たりの付加価値額（付加価値額を労働者数で除した数）を言い、労働の効率性を示す指標です。この付加価値額を国民一人当たりの国内総生産（GDP）に置き換えると、国家レベルでの労働生産性が測定できます。

　日本の労働生産性が低い理由は、付加価値を産み出す力が弱いこと、一つの仕事に携わる労働者数が多く、時間をかけすぎていることなどが挙げられています。本書で取り上げたドイツと比較すると、この課題が明確です。ドイツの年間労働時間は、日本より350時間程度短く、ドイツ人は基本的には残業しません。わが国には「サービス残業」という言葉があるのとは大違いです。ドイツでは、「生活の糧を得るための労働」という考え方が明確であり、個人生活を重視する傾向があります。このため、自分の能力を十分に発揮して効率重視で仕事に集中し、最小限の労力によって最大限の成果を産み出します。わが国のように過剰なサービスや上司への忖度などを求められることはなく、無駄な長時間労働を強いられることもないようです。

　日本では経費削減や原材料費削減など生産性向上の努力は十分実施されてきました。しかしながら、多様なプロフェッショナル（高度専門職業人）育成という視点からは課題があります。さらに、多様な職務遂行能力をもった人たちの協働体制（ヨコ社会）の不十分さが、わ

が国の労働生産性低下につながっていると懸念されます。

　二十世紀の日本では、製造産業を中心とした企業内教育訓練が重要視され、これが国際的地位の確立に貢献しました。しかしながら、諸般の状況から、企業内教育訓練が十分には機能しなくなった結果、わが国の経済等の国際的存在感が低落しつつあります。この企業内教育訓練に替わって、専修学校等の専門職高等教育に期待したいわけです。

　最後に、偏差値ではなく「学修成果を中心に、教育機関やその卒業・修了生を評価する。」という文化が構築されることを期待します。これこそが、「学修者本位の教育」であり、わが国の国際競争力の向上に資することとなります。「学修者本位の教育」を学内全体に根づかせるためには、教職協働による変革が求められています。このために、ファカルティ・ディベロップメント（FD）やスタッフ・ディベロップメント（SD）を包含したマネジメント能力の開発・向上（マネジメント・ディベロップメント）の活動が重要になっています。

　この専門職教育質保証シリーズを発刊するにあたって、一般社団法人専門職高等教育質保証機構の関係者の方々、文部科学省総合学習政策局をはじめ機構外の多くの方々のご協力とご示唆をいただきました。心からお礼申し上げます。また、機会あるごとに、貴重なご意見をいただいた、独立行政法人大学改革支援・学位授与機構の関係者の方々にも感謝の意を表したいと思います。最後に、本書を出版するにあたり、株式会社ぎょうせいにお世話になり、心よりお礼申し上げます。

　2023年11月

一般社団法人専門職高等教育質保証機構

代表理事　川　口　昭　彦

編著者紹介

【編　者】

一般社団法人専門職高等教育質保証機構

　2011年2月、一般社団法人ビューティビジネス評価機構として設立。2012年7月、ビューティビジネス専門職大学院の認証評価機関として文部科学大臣から認証を受ける。2014年9月、一般社団法人専門職高等教育質保証機構と改称し、専修学校職業実践専門課程教育の質保証事業を開始する。2021年5月、教育実践専門職大学院の認証評価機関として文部科学大臣から認証を受ける。

【著　者】

川口　昭彦（かわぐち　あきひこ）

　1942年、台湾台北市生まれ。岡山大学理学部卒業、京都大学大学院理学系研究科博士課程所定の単位修得、理学博士（京都大学）。東京大学教養学部教授、評議員、大学院総合文化研究科教授、留学生センター長、総合研究博物館長、大学評価・学位授与機構評価研究部長・教授、独立行政法人大学改革支援・学位授与機構理事、特任教授、顧問、参与を経て現在、名誉教授。一般社団法人専門職高等教育質保証機構代表理事。アメリカ合衆国ハーバード大学に留学（1973-1975年）、日本脂質生化学研究会・千田賞および日本生化学会奨励賞を受賞（1978年）。アジア・太平洋地域質保証ネットワーク（APQN）副会長（2007-2009年）、アジア・太平洋地域質保証ネットワークQuality Awards - Decennial Felicitationを受賞（2013年）。

〈主な著書・編著書等〉

　『生命と時間　生物化学入門』（東京大学出版会）、『東京大学は変わる　教

養教育のチャレンジ』(東京大学出版会)、『脂肪酸合成酵素』(日本臨牀、59、増刊号2)、『生体構成物質 大学生のための基礎シリーズ2 生物学入門』(東京化学同人)、『職業教育における"質保証"とは何か』(リクルートカレッジマネジメント)、『高等職業教育質保証の理論と実践』（ぎょうせい)、『リカレント教育とその質保証』（ぎょうせい）、『DX社会の専門職大学院・大学とその質保証』（ぎょうせい）、『大学評価・学位授与機構大学評価シリーズ（全6巻)』（ぎょうせい）、『大学改革支援・学位授与機構高等教育質保証シリーズ（全3巻)』（ぎょうせい）、『大学改革支援・学位授与機構大学改革マネジメントシリーズ（全2巻)』（ぎょうせい）

竹中　　亨（たけなか　とおる）

　1955年、大阪市生まれ。京都大学文学部卒業、京都大学大学院文学研究科博士課程退学、博士（文学）（京都大学）。東海大学文学部助教授、大阪大学教養部助教授、大阪大学大学院文学研究科教授等を経て現在、独立行政法人大学改革支援・学位授与機構特任教授。

〈主な著書〉

　『ヴィルヘルム2世――ドイツ帝国と命運を共にした「国民皇帝」』（中央公論新社、2018年）、『明治のワーグナー・ブーム――近代日本の音楽移転』（中央公論新社、2016年）、『帰依する世紀末――ドイツ近代の原理主義者群像』（ミネルヴァ書房、2004年）、『近代ドイツにおける復古と改革――第二帝政期の農民運動と反近代主義』（晃洋書房、1996年）、『ジーメンスと明治日本』（東海大学出版会、1991年）

専門職教育質保証シリーズ
高等教育に求められる
マネジメント・ディベロップメント

令和5年12月1日　第1刷発行

編　　集　一般社団法人専門職高等教育質保証機構
著　者　川　口　昭　彦／竹　中　　亭
発　　行　株式会社**ぎょうせい**

〒136-8575　東京都江東区新木場1-18-11
URL：https://gyosei.jp

フリーコール　0120-953-431
ぎょうせい　お問い合わせ 検索　https://gyosei.jp/inquiry/

〈検印省略〉

印刷　ぎょうせいデジタル株式会社　　　　　　Ⓒ2023　Printed in Japan
※乱丁・落丁本はお取り替えいたします。
ISBN978-4-324-80132-1
(5598597-00-000)
〔略号：質保証(マネジメント)〕